zum 9. Geburtstag

<u>Lieber Johan!</u>

Wir freuen uns schon auf eine kleine, feine Zaubershow und Zaubertricks!
Genauso gerne werden wir auch mit Dir gemeinsam zaubern lernen.
HAPPY BIRTHDAY
Dein Papa &
Deine Mama

Abrakadabra, dreimal schwarzer Kater

Das 1x1 der Zauberei

Karolin Küntzel

Der Verlag und die Redaktion möchten sich an dieser Stelle sehr herzlich bei Lisa, Julian, Emma, Lennard, Max, Thomas, Sabrina, Meral Felizia, Varol, Johanna, Martin, Fazile, Sarah, Leonie, Timo, Irena, Lukas, Niklas und Lea bedanken, die für die Fotoaufnahmen in diesem Buch geduldig viele Stunden Modell gestanden haben.

compact kids ist ein Imprint der Compact Verlag GmbH

© Compact Verlag GmbH
Baierbrunner Straße 27, 81379 München
Ausgabe 2017
5. Auflage

Alle Rechte vorbehalten. Nachdruck, auch auszugsweise,
nur mit ausdrücklicher Genehmigung des Verlages gestattet.

Text: Karolin Küntzel
Fotos: Heidi Velten, Agentur Kunterbunt, Leutkirch
Redaktion: Lea Schmid, Felicitas Szameit
Produktion: Ute Hausleiter
Titelabbildungen: www.fotolia.de: mates (Banner); www.shutterstock.com: Unholy Vault Design (Hintergrund), Anton Brand (Zauberer)
Abbildungen: www.fotolia.de: charles taylor (Hintergrund), ilolab (Leiste Seitenende), Maria.P. (Zylinder schwarz), dipego (Zylinder mit rotem Band), Beboy (Münzen), Andreas Hagedorn (Spielkarten einzeln modern), picsfive (Notizzettel), monsterdruck.de (Würfel), electriceye (Zahlen Kolumne), christophe BOISSON (Kreuz-Ass antik), Unclesam (Seil), drucki92 (Zauberstab schwarz mit violetten Sternchen), Cpro (Becher mit Würfeln), Andrey Shtepa (Tuch senkrecht), Onidji (Urkunde); www.shutterstock.com: Anton Brand (Zauberer und Eule), Francesco Abrignani (Spielkarten Fächer), Volkova Anna (Katze, Kessel, Zauberhut violett, Glaskugel), zhu difeng (Tuch waagerecht), valdis torms (Zauberstab Holz mit gelber Sternspitze), Yelena Panyukova (verschnörkelte Zahlen), Liusa (Zauberhut rot), Tribalium (Zylinder mit goldenem Band und bunten Sternchen)
Gestaltung: ekh Werbeagentur GbR
Umschlaggestaltung: ekh Werbeagentur GbR

ISBN 978-3-8174-8742-4
3817487425

www.compactverlag.de

Vorwort

Liebe Zauberschüler,

Zum Zauberer wird man nicht geboren. Auch Harry Potter muss fleißig üben, damit die Zauber richtig wirken. So weit die schlechte Nachricht. Die gute Nachricht ist: Zaubern kannst du lernen. Dazu musst du zuerst wissen, wie das Kunststück funktioniert. Das lernst du am besten, wenn du bei einem Meister in die Lehre gehst oder indem du ein gutes Buch über Zauberei liest, so wie dieses hier.

Hier findest du neben einer Fülle unterschiedlichster Tricks auch Tipps von Meister Fidibus, wie du sie besonders wirkungsvoll einsetzt. Hast du noch gar keine Zaubererfahrung, startest du am besten mit den leichten Tricks für Zauberanfänger. Danach übst du die Tricks für Zauberlehrlinge und steigerst dich dann bis zu den Tricks für Zauberprofis. Du brauchst dafür keine besondere Ausrüstung. Alle Gegenstände zum Zaubern wie Gläser, Spielkarten, Tücher oder Streichhölzer gibt es auch bei dir zu Hause.

Als besonderes Extra findest du Anregungen zum Basteln deiner Zauberausrüstung sowie zur Planung deiner eigenen Zaubershow. Auf der letzten Seite haben wir dir wichtige Zauberbegriffe zusammengestellt, die du als Zaubermeister unbedingt kennen solltest.

Ein richtiger Zauberer wirst du erst durch Üben der Tricks. Einmal, zweimal, noch einmal – so lange, bis du sie richtig gut kannst. Dann hebst du deinen Stab und sprichst: „Hokuspokus Fidibus, mit dem Vorwort ist jetzt Schluss!"

Viel Spaß beim Zaubern!

Inhalt

★★★★★★★★★★★★★★

Münztricks 6
Der Münzendieb 6
Warm oder kalt? 8
Die Münze im Glas 11
Das verschwundene Geldstück 14
Der Zauberbecher 16
Die Wandermünze 18
Der Cent in der Schachtel 21

Würfeltricks 24
Hellsehen mit Würfeln 24
Magischer Würfelzauber 26
Verdeckte Würfelfläche 28
Summen erraten 30
Fünf Zahlenwürfel 33

Kartentricks 36
Rot oder Schwarz 36
Die Verwandlung 38
Gedankenübertragung 41
Das Riesengedächtnis 44
Karte finden 47
Piano-Trick 50
Mache mir das nach 53
Die denkende Karte 56
Die Farbenwanderung 59
Bube und Dame 62
Der Palast brennt 64

Tücher- und Seiltricks 66
Der magische Knoten 66
Knoten zaubern 68
Bänder, wechselt euch 70
Die schwebende Flasche 72
Das verzauberte Gummiband 74
Knoten-Kuddelmuddel 76
Die Befreiung 78
Die Mutter am Band 80
Das tanzende Gespenst 83

INHALT

Zahlen- und Rechentricks 86
Der Fünfer-Trick 86
Geburtstag hellsehen 88
Alter hellsehen 90
Die magische 9 92
Geldscheintrick 95

Illusionstricks 98
Beschwörung einer Weintraube 98
Nadel und Luftballon 100
Eiswürfel am Band 102
Perlen sortieren 104
Farbenzauber im Glas 106
Der Flaschengeist 108
Das Loch in der Hand 110
Vier Schachteln 112
Die verliebte Büroklammer 114
Das stehende Ei 116
Die verschwundenen Zündhölzer ... 118
Alles Banane 121
Die Zauberkiste 124
Der magische Wasserbecher 127
Der Schrei 130
Sätze erraten 133

Mein Zauberkostüm und das Zauberzubehör 136
Mein Zauberkostüm 136
  Der Zauberhut 136
  Der Zauberzylinder 139
  Der Zauberumhang 141
Meine Zauberrequisiten 143
  Der Zauberstab 143
  Das Zauberseil 145
  Der Zaubertisch 147

Meine Zaubershow 148
Die Show 148
  Zaubererregeln 148
  Zaubertricks üben und vorführen ... 150
  Den Ablauf der Show planen 151
  Das Showprogramm 157
Schwierige Situationen meistern 158
Zaubersprüche 159

Glossar 160

MÜNZTRICKS

Für Zauberanfänger

Für den Trick benötigst du:
* zwei gleiche Münzen
* ein Stofftaschentuch oder eine Stoffserviette
* einen Salzstreuer
* eine weiche Unterlage

Zeige mit der Hand auf eine Person, während du mit der anderen die Münze aus der Tasche holst. Das lenkt die Zuschauer von dir ab.

Der Münzendieb

Du rollst eine Münze in ein Tuch ein. Breitest du das Tuch anschließend wieder aus, ist sie verschwunden. Wer hat sie wohl genommen?

So gelingt dein Auftritt

1. Bevor du mit der Vorführung beginnst, steckst du eines der beiden Geldstücke in deine Hosentasche.

2. Breite das Tuch auf dem Zaubertisch aus. Achte darauf, dass die Unterlage auf dem Zaubertisch so weich ist, dass das Geldstück darauf später kein Geräusch macht. Falte das Tuch diagonal, sodass die Spitzen genau aufeinanderliegen und sich ein Dreieck ergibt.

3. Lege nun die Münze an den unteren Rand des dreieckig gefalteten Tuchs und rolle es anschließend von unten nach oben auf, bis oben nur noch die Stoffspitzen zu sehen sind.

MÜNZTRICKS

6. Greife das Tuch zusammen mit der Münze und schüttle es aus. Die Zuschauer sollen sehen, dass sich nichts darunter befindet.

4. Nimm den Salzstreuer und gib etwas Zaubersalz auf das zusammengerollte Tuch.

5. Greife dann mit der linken und der rechten Hand je einen der Stoffzipfel, die oben aus der Tuchrolle herausschauen, und ziehe das Tuch mit einer zügigen Bewegung auseinander. Die Münze ist nicht mehr da!

7. Dann gehst du in das Publikum und fragst jeden Einzelnen, ob er die Münze genommen hat. Natürlich werden alle Nein sagen. Nimm, wenn du gerade hinter einer Person stehst, heimlich das zweite Geldstück aus deiner Hosentasche. Greife der Person kurz hinter das Ohr und zeige die Münze vor. So, so, das war also der Münzendieb!

7

MÜNZTRICKS

Für Zauberanfänger

Warm oder kalt?

Für den Trick benötigst du:
* einen hübschen Beutel
* eine Handvoll Münzen mit unterschiedlichen Prägedaten
* einen Freiwilligen

Wie ist es zu erklären, dass du erraten kannst, welche Münze dein Gast aus dem Publikum in den Händen hielt? Der Trick ist, dass die Münzen im Beutel kalt sind. Wählt dein Gast eine von ihnen aus und hält sie über längere Zeit in der Hand, erwärmt sie sich. Deine Aufgabe besteht lediglich darin, die warme Münze zu finden.

So bereitest du den Trick vor

Damit du nicht ausgerechnet an einen Zuschauer gerätst, der eiskalte Hände hat, begrüßt du deine Gäste mit Handschlag. So wirst du schnell und zuverlässig eine Person finden, die dir die Münze erwärmt. Bitte dann gezielt diesen Zuschauer zu dir auf die Bühne.

Fülle deinen Beutel mit Münzen. Achte darauf, dass jede von ihnen ein anderes Prägedatum hat, sonst funktioniert der Trick nicht. Den Beutel mit dem Geld steckst du ein paar Minuten vor deinem Auftritt in den Kühlschrank. Die Münzen müssen kühl sein, aber nicht so eiskalt, dass der Zuschauer sich wundert.

MÜNZTRICKS

So gelingt dein Auftritt

1. Kündige den Zuschauern an, dass du in der Lage bist, Gedanken zu lesen. Präsentiere den Beutel mit den Münzen und bitte eine Person aus dem Publikum zu dir auf die Bühne.

2. Erkläre dem Helfer seine Aufgabe: Er soll in den Beutel fassen, eine Münze herausnehmen und sich das Datum darauf gut einprägen. Du drehst dich währenddessen um, damit du nicht erkennen kannst, welches Geldstück gezogen wurde.

3. Hat der Zuschauer seine Münze gefunden, soll er sie fest in die Hand nehmen und sich das Datum darauf in riesigen bunten Zahlen vorstellen. Du würdest dann versuchen, seine Gedanken zu lesen. Um deinen Auftritt etwas dramatischer zu gestalten, kannst du die Augen schließen und den Zauberstab an den Kopf legen.

4. Wenn du das Gefühl hast, dass genügend Zeit vergangen ist, damit die Münze warm ist, bittest du deinen Gast, sie in den Beutel zurückzulegen. Wenn er möchte, kann er den Sack zur Sicherheit auch noch kurz schütteln.

MÜNZTRICKS

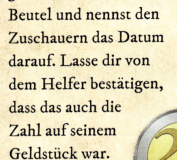

6. Bist du sicher, die richtige Münze gefunden zu haben, fischst du sie aus dem Beutel und nennst den Zuschauern das Datum darauf. Lasse dir von dem Helfer bestätigen, dass das auch die Zahl auf seinem Geldstück war.

5. Jetzt bist du an der Reihe. Fasse in den Beutel und versuche so schnell wie möglich, das warme Geldstück zu ertasten.

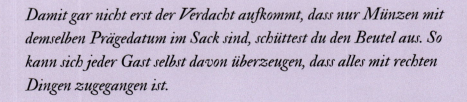

Damit gar nicht erst der Verdacht aufkommt, dass nur Münzen mit demselben Prägedatum im Sack sind, schüttest du den Beutel aus. So kann sich jeder Gast selbst davon überzeugen, dass alles mit rechten Dingen zugegangen ist.

MÜNZTRICKS

Die Münze im Glas

Für Zauberanfänger

Vor den Augen der staunenden Zuschauer lässt du eine Münze unter einem Glas verschwinden. Erst nach einem weiteren Zauberspruch taucht sie wieder auf.

So bereitest du den Trick vor

Für den Trick benötigst du:
* eine Münze
* ein Glas
* ein Tuch
* einen Bogen Tonkarton
* eine Schere
* einen Bleistift
* einen Klebestift
* deinen Zauberstab

Du brauchst für den Trick ein Glas, das du vor dem Trick präparierst. Dazu nimmst du einen Bogen Tonkarton und schneidest einen geraden Streifen davon ab. Dieser Streifen sollte so breit sein, dass er die Öffnung deines Glases abdecken kann. Schneide einen Kreis aus, der genau auf die Öffnung des Glases passt. Dazu stellst du es umgekehrt auf den Karton, zeichnest mit dem Bleistift einmal außen herum und schneidest den Kreis dann mit der Schere sauber aus.

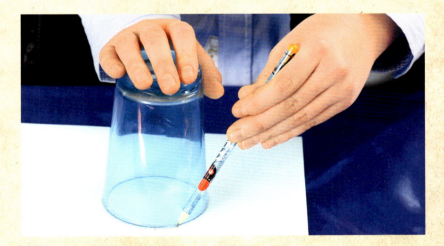

Die Zuschauer dürfen nicht zu nah an deinem Vorführungstisch sitzen, sonst entdecken sie doch noch, wie der Trick funktioniert. Ein Meter Abstand sollte es mindestens sein.

Streiche den Rand des Glases mit etwas Klebstoff ein und drücke den Deckel darauf fest. Wichtig ist, dass der Karton genau passt und nirgends übersteht. Auf dem großen Stück Tonkarton zauberst du. Teste, ob das Zaubertuch lang genug ist, um das Glas vollständig zu verdecken. Es sollte

11

Münztricks

mindestens fünf Zentimeter überhängen, wenn du es über das Glas breitest und beides gemeinsam anhebst.

So gelingt dein Auftritt

1. Bereite deinen Zaubertisch vor: Stelle das vorbereitete Glas umgedreht auf die Unterlage aus Tonkarton, ungefähr in die Mitte. Lege ein hübsches Zaubertuch in Reichweite. Der Zauberstab darf natürlich auch nicht fehlen. Eine Münze brauchst du auch noch.

2. Dann kann es losgehen. Erzähle deinen Zuschauern, dass du in der Lage bist, Geld wegzuzaubern. Zeige ihnen dabei die Münze: „Das ist das Geldstück, das ich gleich verschwinden lasse. Dazu stülpe ich ein Wasserglas über sie."

3. Zeige deinen Zuschauern die Münze und frage sie, ob sie an der Münze etwas Verdächtiges feststellen konnten. Sie werden natürlich mit Nein antworten.

4. Lege die Münze in die Mitte deiner Unterlage. Das beklebte Glas steht daneben. Nimm dein Zaubertuch und decke es über beide Gegenstände. „Unter dem Tuch befinden sich nun das Glas und die Münze." Hebe das Tuch zusammen mit dem Glas noch einmal kurz an, damit die Zuschauer die Münze sehen können. Senke es dann langsam direkt auf die Münze.

Münztricks

Achte darauf, dass das Tuch gleichmäßig an allen Seiten über den Rand des Glases hinaushängt, damit niemand den Pappkarton am Glas sieht.

⭐ **6.** Bevor die Zuschauer auf die Idee kommen, genauer zu schauen, deckst du das Tuch wieder über das Glas und verbeugst dich für den verdienten Beifall.

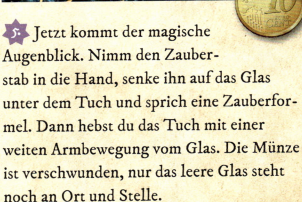

⭐ **5.** Jetzt kommt der magische Augenblick. Nimm den Zauberstab in die Hand, senke ihn auf das Glas unter dem Tuch und sprich eine Zauberformel. Dann hebst du das Tuch mit einer weiten Armbewegung vom Glas. Die Münze ist verschwunden, nur das leere Glas steht noch an Ort und Stelle.

MÜNZTRICKS

Für Zauberlehrlinge

Für den Trick benötigst du:
* eine Münze
* ein undurchsichtiges, nicht allzu glattes Tuch
* einen eingeweihten Helfer

Der Trick funktioniert natürlich auch mit anderen kleinen flachen Gegenständen wie Knöpfen, Radiergummis oder Fahrscheinen.

Das verschwundene Geldstück

Unter einem Tuch liegt eine Münze. Jeder aus dem Publikum kann das fühlen. Trotzdem verschwindet sie ganz plötzlich auf unerklärliche Weise.

So bereitest du den Trick vor

Weihe deinen besten Freund ein, dir bei diesem Trick zu helfen. Das müsst ihr natürlich unbedingt für euch behalten.

14

Münztricks

So gelingt dein Auftritt

⭐⭐⭐⭐⭐⭐⭐⭐⭐⭐⭐⭐⭐⭐⭐⭐⭐

⭐**1.** Zeige den Zuschauern eine Münze und erkläre, dass sie in Kürze verschwindet. Lege die Münze vor dir auf den Tisch.

⭐**2.** Breite ein Tuch über die Münze. Es sollte nicht zu glatt aufliegen, denn die Münze darf sich nicht durch den Stoff abzeichnen. Gut geeignet sind zerknitterte Tücher.

⭐**5.** Nun kommt dein Auftritt als Zauberer. Sprich eine Zauberformel über dem Tuch und ziehe es dann mit einer weiten Armbewegung fort. Die Münze ist weg!

Damit niemand aus dem Publikum Verdacht schöpft, sollte dein Freund genauso erstaunt tun wie alle anderen.

⭐**3.** Jetzt kann jeder Zuschauer zu dir nach vorn kommen und unter das Tuch fassen. Die Münze ist noch da.

⭐⭐⭐⭐⭐⭐⭐⭐⭐⭐⭐⭐⭐⭐⭐⭐⭐

⭐**4.** Als Letzter fühlt dein Freund unter dem Tuch nach der Münze. Auch er bestätigt, dass sie immer noch da ist. Was keiner der Zuschauer ahnt: Er nimmt sie beim Herausziehen seiner Hand mit.

15

MÜNZTRICKS ••••••••••••••••••••••••••••••

Für Zauberlehrlinge

Der Zauberbecher

Eine Münze liegt unter einem Becher. Hebst du den Becher wieder hoch, ist das Geld verschwunden. Das Ganze noch einmal, und die Münze ist wieder da.

Für den Trick benötigst du:
* eine Münze
* einen Becher

So bereitest du den Trick vor

Probiere verschiedene Becher und Münzen aus. Die Münze darf keine Geräusche machen, wenn du sie an den Becher klappst.

Übe vor einem Spiegel, wie du den Becher vor der Münze abstellen musst, damit die Zuschauer nichts merken. Auch die Rückverwandlung, wenn die Münze wieder unter dem Becher landet, kannst du im Spiegel kontrollieren. So kannst du erkennen, was dein Publikum später zu sehen bekommt.

MÜNZTRICKS

So gelingt dein Auftritt

★•★•★•★•★•★•★•★•★•★•★•★•★•★•★•★

1. Zeige den Zuschauern die Münze und den Becher. An beiden Dingen ist nichts Ungewöhnliches festzustellen.

◆•◆•◆•◆•◆•◆•◆•◆•◆•◆•◆•◆•◆•◆•◆•◆

2. Lege die Münze auf den Tisch. Dann hebst du den Becher über sie. Hier musst du das erste Mal tricksen. Denn die Münze soll nicht wirklich unter dem Becher landen, auch wenn es für die Zuschauer so aussehen soll. Damit das funktioniert, stellst du den Becher direkt vor der Münze ab. Dann klappst du mit dem Daumen blitzschnell die Münze hochkant an den hinteren Becherrand und hältst sie dort fest.

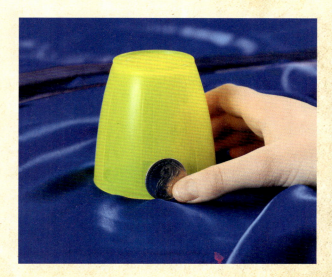

3. Hebe den Becher wieder hoch. Die Münze liegt nicht mehr auf dem Tisch.

4. Senke den Becher zurück auf den Tisch. Setze dabei zuerst den Becherrand auf der Zuschauerseite auf. Damit die Münze wieder auftaucht, lässt du sie am hinteren Becherrand los und schiebst sie dabei mit dem Daumen schnell ein Stück unter den Becher. Hebe den Becher ein weiteres Mal an und schon liegt das Geld wieder auf dem Tisch.

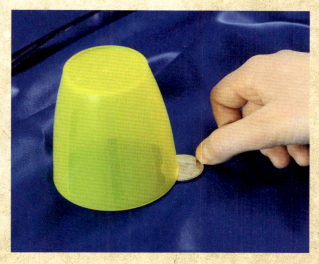

17

MÜNZTRICKS

Für Zauberprofis

Die Wandermünze

Dein Publikum wird Zeuge, wie eine Münze aus der Faust durch die Hand hindurch auf die Handoberseite wandert. Ein magischer Moment!

So gelingt dein Auftritt

1. Bitte einen Zuschauer, dir eine Münze zu borgen. Selbstverständlich bekommt er sie nach der Vorführung zurück.

2. Zeige die Münze und deine leeren Handflächen. Erkläre deinem Publikum, dass du nun die Münze direkt durch die Hand zaubern wirst.

Für den Trick benötigst du:
* eine Münze

Dieser Trick braucht sehr viel Übung und Fingerfertigkeit. Übe ihn so lange, bis du ihn ohne Probleme beherrschst. Denn du möchtest ja auf keinen Fall, dass dir dein Publikum auf die Schliche kommt.

MÜNZTRICKS

3. Lege das Geldstück in die Hand und schließe die Finger darum zu einer Faust. Mache die Faust so, dass der Daumen oben liegt.

5. Während die obere Hand immer noch fest auf die Faust drückt, öffnest du den Griff um die Münze. Der Daumen rutscht nach unten. Und zwar gerade so weit, dass die Münze durch die obere Öffnung schlüpfen kann. Das geht natürlich nur, wenn du die Hände weiter auf und ab bewegst. Lenke das Publikum gut ab, damit es nichts davon mitbekommt.

4. Decke die Faust mit der zweiten Hand ab. Die Finger zeigen in Richtung Zuschauer. Nun schüttelst du beide Hände, immer schön gerade auf und ab. Wenn du willst, sprichst du noch einen Zauberspruch. Zum Beispiel diesen: „Eine Münze tief im Dunkeln, soll recht bald im Freien funkeln."

MÜNZTRICKS

6. Die Münze liegt nun zwischen der Deckhand und der Faust. Denke daran: Schön weiter schütteln! Drehe die Faust dabei unauffällig zu dir hin, sodass du die Münze unbemerkt auf die Handfläche schieben kannst.

7. Liegt das Geldstück auf dem Handrücken, hebst du die obere Hand hoch. Deine Zuschauer werden staunen, wie es aus der Faust auf den Handrücken gekommen ist.

8. Damit sie nicht glauben, du hättest eine zweite Münze versteckt, öffnest du zum Schluss die Faust. Die Münze von vorhin ist nicht mehr da.

Je schneller du diesen Trick vorführen kannst, desto beeindruckter werden deine Zuschauer sein! Und es hat noch einen Vorteil: Sie haben keine Zeit, zu erforschen, wie die Münze wohl durch die Faust kommt.

MÜNZTRICKS

Der Cent in der Schachtel

Dir wird das Kunststück gelingen, die Münze, die unter der Schachtel liegt, in die Schachtel hineinzuzaubern. Mit dem richtigen Spruch geht schließlich fast alles.

Für Zauberprofis

Für den Trick benötigst du:
* eine Streichholzschachtel
* zwei Ein-Cent-Stücke
* doppelseitiges Klebeband
* deinen Zauberstab

Wenn du willst, kannst du die Schachtel zusätzlich verschönern. Dazu reicht ein wenig buntes Papier, Klebstoff und ein kleines Stück Stoff. Schneide das Papier zu und klebe es um die Schachtel herum. In die Lade klebst du ein passendes Stückchen Stoff ein. Das sieht nicht nur schön aus, es hat auch den Vorteil, dass das fallende Geldstück nicht mehr zu hören ist.

So bereitest du den Trick vor

Der Zauber funktioniert nur, wenn du die Streichholzschachtel vorher präparierst. Klebe einen Streifen doppelseitiges Klebeband auf die Unterseite der Schachtel. Er sollte etwas breiter als ein Ein-Cent-Stück sein. Die zweite Schutzfolie auf dem Klebeband ziehst du erst kurz vor der Zaubershow ab.

21

MÜNZTRICKS

Ab diesem Zeitpunkt darf die Schachtel nicht mehr auf der Unterseite liegen, weil es sonst passieren kann, dass der Klebestreifen nicht mehr richtig klebt.

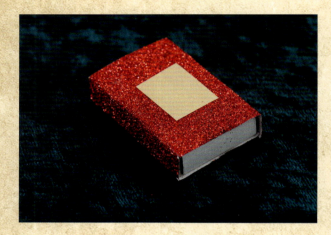

Drehe die Schachtel wieder richtig herum und öffne die Lade, bis sie fast ganz draußen ist. Anschließend klemmst du zwischen Hülle und äußere Kante der Lade eines der Cent-Stücke. Der Cent darf nicht zu sehen sein und muss gerade so fest stecken, dass er nicht von allein herunterfällt. Sitzt der Cent fest, darfst du die Schachtel erst in der Vorstellung wieder schließen.

So gelingt dein Auftritt

1. Erzähle den Zuschauern, dass du gleich einen Cent durch die Streichholzschachtel hindurch in sie hinein befördern wirst.

2. Zeige dem Publikum den zweiten Cent und lege ihn vor dich auf den Tisch.

3. Als Nächstes nimmst du die Streichholzschachtel. Da sie bereits geöffnet ist, kannst du die Zuschauer hineinsehen lassen. Jeder wird dir bestätigen können, dass sie leer ist.

22

Münztricks

Achte darauf, dass die Zuschauer die Schachtel nicht in die Hand nehmen, da sie sonst das Klebeband bemerken würden oder das präparierte Cent-Stück verrutschen könnte.

4. Nimm nun den Zauberstab in die eine und die Schachtel in die andere Hand.

6. Hebe die Schachtel wieder auf. Der Cent darunter ist verschwunden. Achte darauf, dass du die Schachtel mit der Vorderseite zeigst, sonst kommt man dir ganz schnell auf die Schliche. Jetzt kannst du die Lade langsam aufschieben. Wie angekündigt, ist der Cent durch die Schachtel hindurch in die Lade gewandert. Ganz große Zauberei!

5. Senke nun die Schachtel langsam auf das Centstück herunter. Achte darauf, dass der Klebestreifen die Münze trifft. Drücke die Schachtel einmal kurz an und schließe sie dabei. Dadurch fällt der Cent in die Lade. Währenddessen sagst du natürlich deinen Zauberspruch auf: „Abrakadabra, Simsalabim …"

23

WÜRFELTRICKS

Für Zauberanfänger

Für den Trick benötigst du:
* zwei verschiedenfarbige Würfel
* einen Freiwilligen

Hellsehen mit Würfeln

In jeder Hand hat der Zuschauer einen Würfel, aber nur eine lässt er kreisen. Das siehst du zwar nicht, erkennen wirst du die Hand mit dem richtigen Würfel trotzdem.

So gelingt dein Auftritt

1. Bitte einen Freiwilligen zu dir nach vorn. Zeige ihm beide Würfel und erkläre, dass du gleich beweisen wirst, wie gut du hellsehen kannst.

2. Drehe dich nun so um, dass du deinen Helfer nicht mehr siehst.

Dieser Trick funktioniert nur bei gutem Licht. Ist es nicht hell genug, kannst du die unterschiedliche Färbung der Hände nicht erkennen.

WÜRFELTRICKS

3. Bitte ihn nun, in jede Hand einen Würfel zu nehmen. Dann soll er sich für eine Hand entscheiden und diese insgesamt 13-mal über seinem Kopf kreisen lassen. Auch wenn du mit dem Rücken zu ihm stehst, wirst du später wissen, welchen Würfel er über seinem Kopf hat kreisen lassen.

umdrehen und die Würfel in Augenschein nehmen. Sofort wirst du wissen, welche Hand gekreist ist. Du schaust dir nämlich nicht die Würfel an, sondern die Handflächen. Und dabei fällt dir auf, dass eine Hand viel heller als die andere ist. Das kommt daher, dass durch das lange Kreisen das Blut aus der Hand in den Arm gelaufen ist. Der Würfel auf der helleren Hand ist der richtige.

4. Ist dein Freiwilliger mit allen Runden fertig, soll er beide Hände öffnen und die Würfel vorzeigen. Du darfst dich nun wieder

5. Willst du die Spannung noch ein bisschen steigern, murmelst du ein wenig vor dich hin, legst die Stirn in Falten oder machst beschwörende Gesten über den Würfeln. Dann zeigst du auf den richtigen Würfel und sagst: „Diesen Würfel sah ich in meinen Gedanken."

> *Schärfe deinem Helfer ein, dass es auf die genaue Zahl der Kreise ankommt. Die 13 ist in der Zaubererwelt eine magische Zahl und wichtig für diesen Zauber. Wenn du möchtest, kannst du die anderen Zuschauer auch bitten, mitzuzählen.*

WÜRFELTRICKS

Für Zauberanfänger

Magischer Würfelzauber

Eine einzige Handbewegung von dir lässt das Publikum glauben, dass sich die Zahlen auf dem Würfel von allein verändern.

So bereitest du den Trick vor

Übe deine Fingerfertigkeit. Je unauffälliger du lernst, den Würfel zu drehen, desto besser täuschst du dein Publikum.

So gelingt dein Auftritt

1. Nimm den Würfel zwischen Daumen und Zeigefinger und zeige ihn deinen Zuschauern. Erkläre ihnen, dass er zwar ganz normal aussieht, aber magische Fähigkeiten besitzt: „Auf diesem Würfel wandern die Punkte!"

Für den Trick benötigst du:
* einen Würfel

Je schneller du beim Drehen des Würfels bist, desto beiläufiger und kürzer kann die Wedelbewegung mit der freien Hand ausfallen.

WÜRFELTRICKS

2. Halte den Würfel so, dass zwei Flächen parallel zu deinem Zeigefinger verlaufen. Wenn du die Hand dann ein wenig drehst, können die Zuschauer gut die Vorder- und Rückseite des Würfels sehen. Zeige ihnen zuerst die Punkte vorn am Würfel, zum Beispiel die Vier.

3. Drehe die Hand nun so weit, dass die Zuschauer deine Handinnenseite sehen. Auf der Rückseite des Würfels ist die Drei sichtbar. So weit alles normal.

4. Drehe die Hand wieder so zurück, dass die Zuschauer noch einmal die Vier sehen.

5. Bevor du nun die Hand wieder mit der Innenseite zum Publikum drehst, wedelst du mit der freien Hand einmal kurz vor der Würfelhand vorbei. Zauberspruch nicht vergessen und dabei schnell und unbemerkt den Würfel zwischen deinem Zeigefinger und Daumen um eine Position weiterdrehen.

6. Die Zuschauer sehen nun auf der Rückseite des Würfels nicht wie erwartet die Drei, sondern die Fünf. Die Punkte sind gewandert, ganz so, wie du es angekündigt hast.

Du kannst beim Drehen mit dem Mittelfinger ein wenig nachhelfen. Und vergiss auf keinen Fall den Zauberspruch dabei!

WÜRFELTRICKS

Für Zauberlehrlinge

Für den Trick benötigst du:
* drei Würfel
* einen Freiwilligen

Verkünde das Ergebnis ruhig mit ein bisschen Dramatik. Tue so, als ob du die Zahl in den Gedanken deines Freiwilligen lesen kannst.

Verdeckte Würfelfläche

Mit diesem Trick wirst du auch blitzschnelle Kopfrechner beeindrucken. Ein einziger Blick auf den Würfelstapel genügt dir, um zu sagen, welche Summe die verdeckten Würfelflächen ergeben.

So gelingt dein Auftritt

1. Zeige dem Publikum die drei Würfel. Es sind ganz normale Sechs-Augen-Würfel.

2. Bitte einen Zuschauer, dir bei dem Trick zu helfen. Staple die drei Würfel aufeinander und erkläre deinem Helfer, dass sie so insgesamt fünf verdeckte Würfelflächen haben. Bei den beiden unteren Würfeln sind dies jeweils die untere und die obere Seite, beim dritten nur die untere Fläche.

WÜRFELTRICKS

3. Dein Freiwilliger soll nun die Würfel, so wie er möchte, aufeinanderlegen. Alle verdeckten Seiten soll er zusammenzählen. Du drehst dich dabei um, damit du nicht siehst, wie dein Helfer die Würfel stapelt.

deckten Flächen 17. Woher du das so schnell weißt? Ganz einfach: Ziehe die Zahl, die oben liegt, einfach von 21 ab. Das Ergebnis ist dann die Summe aller verdeckten Flächen.

4. Hat dein Helfer alle Augenzahlen der verdeckten Seiten zusammengezählt, gibt er dir ein Signal und du darfst dich wieder umdrehen. Keine Angst, du brauchst jetzt nicht lange zu rechnen! Es genügt, wenn du dir die oberste Zahl auf dem Würfelturm ansiehst. Liegt dort zum Beispiel eine Vier, ist die Summe der ver-

Der Trick ist gar nicht so geheimnisvoll. Auf einem Sechs-Augen-Würfel ergeben die gegenüberliegenden Flächen immer die Zahl Sieben. Bei drei Würfeln addiert sich das zu 21. Die oberste Zahl kannst du sehen. Ziehst du sie nun von 21 ab, kennst du die Summe der verborgenen Flächen.

29

WÜRFELTRICKS

Für Zauberlehrlinge

Für den Trick benötigst du:
* drei Würfel
* einen Freiwilligen

Das Publikum darf nicht merken, dass du die Zahlen der Würfel im Kopf zusammenrechnest. Übe deshalb, wann immer du kannst, Summen zählen mit drei Würfeln.

Summen erraten

Obwohl du nicht siehst, welche Zahlen der Zuschauer würfelt, kannst du die richtige Summe erraten.

So gelingt dein Auftritt

1. Bitte einen Freiwilligen zu dir und gib ihm die drei Würfel.

2. Drehe dich nun um, und zwar so, dass du nicht sehen kannst, was dein Helfer würfelt.

WÜRFELTRICKS

3. Jetzt soll er mit allen drei Würfeln gleichzeitig würfeln und die Augen zusammenzählen.

5. Nun würfelt dein Helfer mit demselben Würfel noch einmal und zählt die Augen zu der Summe dazu. Seine Aufgabe ist damit erledigt. Du bist nun dran.

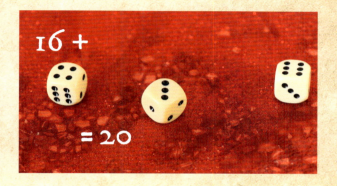

4. Von den drei Würfeln sucht er sich nun einen aus. Er zählt die Unterseite dieses Würfels zu der ersten Summe dazu.

6. Wende dich wieder dem Publikum und den Würfeln zu. Sieh dir die Würfel kurz an und rechne schnell im Kopf alle Zahlen zusammen. Zähle noch sieben hinzu.

31

Würfeltricks

7. Nimm wie nebenbei alle Würfel in die Hand und schüttle sie ein wenig. Erkläre dem Publikum, dass du natürlich nicht wissen kannst, welcher Würfel noch einmal benutzt wurde, und du deshalb die richtige Zahl nur raten kannst.

8. Nenne den verblüfften Zuschauern die richtige Endsumme.

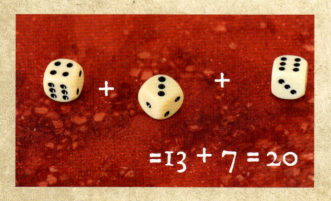

Du fragst dich, wie das gehen kann? Deine Zuschauer bestimmt auch, aber ihnen wirst du natürlich nichts verraten. Der Trick ist ganz einfach: Zwei Würfel bleiben unverändert, du siehst also dieselbe Augenzahl, die dein Helfer auch addiert hat. Der dritte Würfel wird noch einmal bewegt. Der Zuschauer rechnet einmal die Ober- und einmal die Unterseite zu seiner Summe. Für dich ist es deshalb völlig egal, was zuerst gewürfelt wurde, denn die Summe von Ober- und Unterseite eines Würfels ergibt immer sieben. Das ist die Zahl, die du zu allen sichtbaren Augen hinzuzählst. Der letzte Wurf mit dem dritten Würfel liegt für dich ebenfalls sichtbar auf dem Tisch. Das ist das ganze Geheimnis!

Würfeltricks

Fünf Zahlenwürfel

★★★★★★★★★★★★★★★★★★★★★★★★★★★★

Ein Zuschauer stapelt fünf Würfel, auf denen dreistellige Zahlen stehen, aufeinander. Obwohl du kein Kopfrechengenie bist, kannst du sofort die Summe der Zahlen nennen, die vorn sichtbar sind. Das kann doch nur mit Zauberei zugehen, oder?

So bereitest du den Trick vor

Für Zauberprofis

Für den Trick benötigst du:
* fünf leere Würfel, die du selbst beschriften kannst
* einen wasserfesten Filzstift
* einen Zettel
* einen Bleistift
* einen Taschenrechner
* einen Freiwilligen

Besorge dir fünf leere Würfel. Du bekommst sie im Spielwarenladen. Wenn du willst, kannst du dir natürlich auch selbst welche basteln, oder du beklebst normale Würfel mit Etiketten und schreibst die Zahlen dann darauf. Bei jedem Würfel schreibst du auf jede Seite eine dreistellige Zahl.

Dieser Trick wird noch überzeugender, wenn du ihn gleich noch einmal zeigst. Mit einem neuen Ergebnis glaubt dann niemand mehr an Schummelei, sondern jeder ist von deiner großartigen Zauberkunst überzeugt.

Die Zahlen für die einzelnen Würfel sind:

Würfel 1	Würfel 2	Würfel 3	Würfel 4	Würfel 5
483	642	558	168	971
285	147	855	663	377
780	840	657	960	179
186	741	459	366	872
384	543	954	564	773
681	345	756	267	278

33

Würfeltricks

So gelingt dein Auftritt

★★★★★★★★★★★★★★★★★★

1. Bitte jemanden aus dem Publikum, dir bei diesem Trick zu helfen. Zeige dem Freiwilligen die fünf Würfel. Er soll sie sich gut ansehen und bestätigen, dass auf jedem Würfel andere Zahlen sind.

2. Erzähle dem Publikum, dass du schlecht in Mathe bist, dafür aber wunderbar zaubern kannst. Das kannst du sogar schneller, als ein Taschenrechner die Summen zusammenzählt.

3. Dein Helfer soll die Würfel einmal durchschütteln und dann in einer beliebigen Reihenfolge aufeinanderstellen.

4. Die Seite von dem Würfelturm, die nach vorn zeigt und die du gut siehst, rechnest du jetzt blitzschnell zusammen. Das machst du so: Die Summe aller dreistelligen Zahlen ergibt immer eine vierstellige Zahl. Jetzt zählst du von allen Würfeln die letzte Ziffer (Einerstelle) zusammen. Zum Beispiel: 3 + 2 + 8 + 8 + 1 = 22. Diese Zahl bildet die letzten beiden Stellen von deinem Ergebnis. Ziehe sie von dem Grundwert 50 ab. 50 − 22 = 28. Diese Zahl bildet die ersten beiden Stellen vom Endergebnis. Die gesuchte Summe der fünf dreistelligen Zahlen lautet also: 2822.

34

WÜRFELTRICKS

5. Notiere dein Ergebnis und gib den Zettel sofort einem weiteren Zuschauer.

6. Jetzt brauchst du nur noch zu warten, bis dein Helfer die aufgestellten Zahlen mit dem Taschenrechner addiert hat. Wenn er seine Zahl bekannt gibt, liest der zweite Zuschauer die Zahl auf deinem Zettel vor. Die Überraschung wird riesig sein, wenn beide Zahlen übereinstimmen.

Das Geheimnis der Würfel sind die Zahlen. Die mittlere Zahl auf einem Würfel ist immer gleich, und die äußeren Ziffern ergeben zusammen immer dieselbe Summe.

Kartentricks

Für Zauberanfänger

Für den Trick benötigst du:
* alle Könige, Damen und Buben aus einem alten Kartenspiel
* eine dünne Stecknadel
* einen Freiwilligen

Bleibe neben dem Zuschauer stehen, der die Karten für dich mischt, und lenke alle Anwesenden durch deine Rede ab. So kommt niemand auf die Idee, die Karten näher zu untersuchen. Achte darauf, dass deine Zuschauer ein Stück von dir entfernt sitzen, damit sie nicht merken, dass du die Karten gezinkt, das heißt unterscheidbar gemacht hast.

Rot oder Schwarz

Nicht immer braucht es magische Fähigkeiten, um durch Gegenstände hindurchzusehen. Manchmal reicht auch eine kleine Stecknadel, um die Kartenfarbe richtig zu bestimmen.

So bereitest du den Trick vor

Sortiere die Karten nach den Farben Rot und Schwarz. In die roten Karten stichst du mit der Stecknadel ein winziges Loch genau durch das Auge von Königen, Damen und Buben. Teste, ob du durch die Karte sehen kannst. Glätte die Durchstichstelle, damit sich die Karten ohne Auffälligkeiten mischen lassen.

Kartentricks

2. Währenddessen informierst du das Publikum darüber, was gleich passieren wird: „Die Karten werden jetzt gemischt, damit ich nicht mehr weiß, welche Farbe sie haben. Ich werde die Karten aber so verzaubern, dass ich durch sie hindurch die Kartenfarbe sehen kann."

3. Nimm die Karten und lege sie mit der Bildseite nach unten vor dich auf den Tisch. Hebe die erste Karte mit dem Bild zum Publikum in Augenhöhe hoch und sage die Farbe an. Das ist ganz leicht, denn bei den roten Karten kannst du durch das Loch sehen und bei den schwarzen nicht.

So gelingt dein Auftritt

1. Bitte einen deiner Zuschauer, das Kartenpäckchen gründlich zu mischen.

37

KARTENTRICKS ....

Für Zauberanfänger

Für den Trick benötigst du:
* zwei Spielkarten (König und Bube)
* eine Papprolle
* doppelseitiges Klebeband
* ein Tuch

Die Verwandlung

Für einen Magier wie dich ist es ein Klacks, den König zurück in ein Kind (einen Buben) zu verwandeln. Mit einer präparierten, das heißt mit einer speziell vorbereiteten, Papprolle gelingt dir die königliche Verjüngungskur mit einer einzigen eleganten Handbewegung.

Die Spielkarte lässt sich leichter mit der Rolle aufnehmen, wenn sie genauso gebogen ist. Biege die beiden Karten vor dem Auftritt deshalb eine Weile zusammen über die Rolle. So bekommen sie dieselbe Krümmung, und die aufgenommene Karte ist am Stab nicht so leicht zu entdecken.

Kartentricks

So bereitest du den Trick vor

Das Wichtigste an dem Trick ist die Papprolle. Aus einer leeren Küchenrolle bastelst du dir einen magischen Stab. Beklebe die Rolle mit buntem Papier oder male sie an. Je bunter und auffälliger sie später ist, desto leichter lässt sich der Klebestreifen darauf befestigen, ohne dass die Zuschauer ihn bemerken. Bringe einen schmalen Streifen von dem doppelseitigen Klebeband im oberen Drittel deiner Rolle an und ziehe die Folie von dem Streifen ab.

ob es nur eine einzige Karte wäre. Der König liegt dabei oben.

Nun musst du nur noch die beiden Karten so übereinanderlegen, dass es aussieht, als

So gelingt dein Auftritt

1. Zeige die genau aufeinandergelegten Karten den Zuschauern. Dein Publikum soll glauben, dass es sich nur um eine einzige Karte handelt: den König. Sprich daher immer nur von einer Karte oder gezielt von dem König.

KARTENTRICKS

⭐ **2.** Damit die Zuschauer abgelenkt werden, erzählst du ihnen die Geschichte von dem König. Der fuhr nämlich gern auf seinem Roller quer durch den Palast. Die Königin schimpfte deshalb oft mit ihm und nannte ihn kindisch. Sie sagte voraus, dass er eines Tages wieder ganz zum Kind werden würde, wenn er seine Albernheiten nicht ließe. Ob die Königin recht behielt?

⭐ **3.** Während du redest, legst du die Karten immer noch dicht aufeinander auf den Tisch vor dir. Erhebe deine magische Rolle und sprich einen Zauberspruch.

⭐ **4.** Tippe mit der Rolle fest auf die oberste Karte, sodass sie festklebt. Übe diesen Schritt am besten vorher, damit du weißt, wie fest du tippen musst oder wie breit der Klebestreifen sein muss, damit der Trick auf jeden Fall funktioniert.

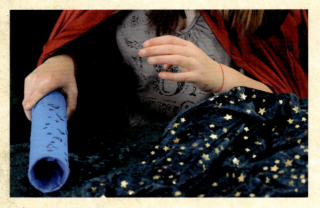

⭐ **5.** Decke das Tuch über die Karten und die Rolle. Mache eine beschwörende Geste über dem Tuch und hebe es dann zusammen mit der Rolle, an der die Königskarte klebt, mit einer schnellen Handbewegung hoch.

⭐ **6.** Das Tuch mit der darin verborgenen Rolle samt König legst du scheinbar achtlos hinter dir ab. Gleichzeitig hebst du mit der anderen Hand die Karte vom Tisch und zeigst dem staunenden Publikum den Buben. Siehe da, die Königin hatte recht behalten: Aus dem Mann war ein Kind geworden!

KARTENTRICKS

Gedankenübertragung

Nur durch die Kraft der Gedanken findest du mit absoluter Sicherheit heraus, welche Karte der Zuschauer in der Hand hatte. Dass du dabei einen Komplizen hast, der dir die Lösung in einer Art Geheimsprache vorsagt, behältst du natürlich für dich.

So bereitest du den Trick vor

Verabrede mit deinem Komplizen für jede Spielkarte einen eigenen Satz, mit dem er dich zurück an den Tisch ruft. Für Karo-Zwei sucht ihr einen Satz mit zwei Wörtern aus, für Herz-Drei einen mit drei Wörtern und für Pik-Vier einen, der aus vier Wörtern besteht.

Für Zauberlehrlinge

Für den Trick benötigst du:
* einen eingeweihten Helfer
* drei Spielkarten mit den Werten Zwei, Drei und Vier (zum Beispiel: Karo-Zwei, Herz-Drei und Pik-Vier)

Der Trick funktioniert natürlich auch mit allen anderen Karten, ganz gleich, ob ein Bild oder eine Zahl darauf zu sehen ist. Hauptsache, du verabredest mit deinem Helfer für jede Karte einen anderen Satz und ihr könnt euch die Zuordnungen merken.

Kartentricks

So gelingt dein Auftritt

★★★★★★★★★★★★★★★★★★★★★★

1. Zuerst bittest du zwei Zuschauer auf die Bühne. Einer von ihnen ist dein eingeweihter Helfer. Achte darauf, dass ihr dicht nebeneinander steht, damit dein Komplize die gewählte Karte erkennen kann.

2. Du zeigst beiden die Karten und erklärst ihnen die Regeln. Die kennt dein Freund natürlich schon, aber das soll ja niemand wissen. Du bittest den ahnungslosen Zuschauer, gleich, wenn du die Bühne verlassen hast, eine der drei Karten auszuwählen. Er soll sie fest in der Hand halten und sich das Bild darauf ganz stark merken. Wenn er so weit ist, soll er die Spielkarte zurück auf den Tisch legen und dem zweiten Helfer, deinem heimlichen Komplizen, kurz zunicken. Dieser soll dich dann wieder auf die Bühne rufen, während sich der andere weiter auf die Karte konzentriert.

3. Frage nach, ob der Ablauf klar ist, und verlasse dann die Bühne.

4. Jetzt ist dein eingeweihter Helfer an der Reihe. Er muss sich unbedingt die Karte merken, die gezogen wurde. Bekommt er das Zeichen, dich zurückzuholen, ruft er dich mit dem verabredeten Satz zurück. Hat sich der Zuschauer zum Beispiel die

Kartentricks

Herz-Drei gemerkt, ruft dein Freund: „Du kannst kommen!" Damit ist dir natürlich sofort klar, um welche Karte es sich handelt. Bei Karo-Zwei ruft er nur „Komm bitte!" und für Pik-Vier holt er dich mit „Zauberer, du kannst kommen!" zurück.

5. Gehe zurück auf die Bühne und verkünde zum Beispiel, dass es sich nur um die Herz-Drei handeln kann. Wow! Um diesen Moment noch etwas dramatischer zu gestalten, kannst du deine Hände ganz leicht auf den Kopf des Zuschauers legen, die Stirn angestrengt runzeln und behaupten, dass du gerade das Bild der Karte empfängst.

Du musst dir also nur merken, mit welcher Anzahl Wörter du gerufen wirst. Das ist schon das ganze Geheimnis! Wiederholen solltest du den Trick übrigens nicht, denn dann fällt auf, dass du immer nur einen Zuschauer auf der Bühne austauschst und die andere Person gleich bleibt.

43

KARTENTRICKS

Für Zauberlehrlinge

Das Riesengedächtnis

Die Zuschauer werden glauben, dass du ein super Gedächtnis hast. Denn du wirst herausfinden, wo die vom Zuschauer gezogene Karte lag und außerdem, wohin sie als Nächstes gesteckt wurde. Mehr noch: Du wirst auch wissen, welche Karte es ist. Das ist ganz große Magie!

So gelingt dein Auftritt

1. Erzähle deinem Publikum, dass du ihm heute dein Riesengedächtnis vorführen möchtest. Es ist so überragend, dass du dir sogar die Reihenfolge eines ganzen Kartenspiels merken kannst.

2. Zeige die Karten. Bitte einen Zuschauer, sie zu kontrollieren und zu mischen. Schließlich soll dir niemand nachsagen können, dass du schummelst.

Für den Trick benötigst du:
* ein Kartenspiel
* einen Freiwilligen

Damit der Trick noch eindrucksvoller wird, kannst du die Karten zusätzlich von einem anderen Zuschauer abheben lassen. Du musst allerdings darauf achten, dass auch er nur ein Päckchen vom Stapel nimmt und den Rest der Karten wieder auf das abgehobene Päckchen legt. Rein theoretisch ist es zwar möglich, dass er den Stapel dabei genau zwischen Leitkarte und Zuschauerkarte trennt, die Wahrscheinlichkeit dafür ist aber sehr gering. Also, nur Mut!

44

Kartentricks

3. Lasse dir die gemischten Karten zurückgeben. Frage den Zuschauer, ob er irgendetwas Verdächtiges daran feststellen konnte. Währenddessen schaust du dir heimlich die unterste Karte an und merkst sie dir. Das ist die Leitkarte. Anhand ihrer Position im Spiel wirst du später die Zuschauerkarte finden können.

4. Nun ist der Freiwillige an der Reihe. Er soll eine Karte aus dem Stapel ziehen, dem Publikum zeigen und sie sich merken.

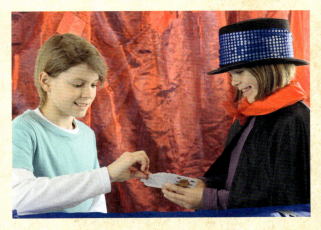

5. Lege den Kartenstapel auf den Tisch. Der Zuschauer legt seine Karte nun verdeckt ganz oben auf den Stapel und hebt einmal ab. Das heißt, er teilt das Kartenspiel einmal an einer beliebigen Stelle und legt dann den unteren Teil auf den oberen. Jetzt ist seine Karte irgendwo im Spiel versteckt. Die Leitkarte, also die Karte, die du dir gemerkt hast, liegt durch das Abheben nun genau auf der Zuschauerkarte.

6. Drehe die Karten mit der Bildseite nach oben und fächere sie nach rechts auf dem Tisch auf. Hebe die Hand über die Karten und schwebe mit ihr langsam über die Reihe. Die Zuschauer sollen denken, dass du dir jetzt die einzelnen Karten und ihre Position merkst. Weit gefehlt! Du suchst nämlich nur nach deiner Karte. Rechts von ihr liegt die Karte des Zuschauers. Merke dir diese Karte!

45

Kartentricks

7. Drehe dich um, sodass du die Karten nicht mehr sehen kannst. Dann kommt der Zuschauer wieder zum Einsatz. Er nimmt seine Karte aus der Reihe, steckt sie an anderer Stelle wieder in das Spiel und schiebt dann die Karten so zusammen, dass die Reihenfolge gleich bleibt. Jetzt muss er die Karten nur noch einmal abheben und sie danach wieder mit dem Bild nach oben auffächern.

Während dir die Zuschauer noch zujubeln, mischst du schnell die Karten durch. So kann niemand einen zweiten Beweis von dir für dein Riesengedächtnis verlangen.

Zuschauerkarte   Leitkarte

8. Nun kannst du dein Riesengedächtnis unter Beweis stellen. Schwebe mit der Hand über die Karten. An der Stelle, wo deine Karte liegt, hältst du an. Teile den Zuschauern mit, dass an dieser Stelle etwas anders ist und eine Karte fehlt. Über der Zuschauerkarte zögerst du kurz, dann ziehst du sie triumphierend aus der Reihe.

Zuschauerkarte

KARTENTRICKS

Karte finden

★☆☆☆☆☆☆☆☆☆☆☆☆☆☆☆☆☆☆☆☆☆☆☆☆☆☆☆

Aus einem wild durcheinandergemischten Kartenhaufen wählen drei verschiedene Zuschauer jeweils eine verdeckte Karte aus. Du stellst dein Können als Zauberer unter Beweis, indem du jeden Kartenwert schon vor dem Aufnehmen richtig vorhersagen kannst.

So gelingt dein Auftritt

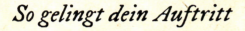

1. Halte den Stapel Karten in der Hand und erkläre deinem Publikum, dass du gleich drei Helfer brauchst. Schaue dir, während du redest, heimlich die unterste Karte an und merke sie dir: zum Beispiel Karo-Neun.

Für Zauberlehrlinge

Für den Trick benötigst du:
* ein Kartenspiel
* drei Freiwillige

Wählt der erste Zuschauer ausgerechnet deine Karo-Neun, beendest du den Trick sofort. Der Zuschauer soll dann direkt die Karte umdrehen und damit beweisen, dass du ein mächtiger Zauberer bist. Zeigt der zweite oder dritte Zuschauer auf deine Karte, hebst du sie auf. Du brauchst dann keine eigene (vierte) Karte mehr zu ziehen. Die Zuschauer bittest du dann sofort, die Karten zu nennen, die sie sich gemerkt haben, und präsentierst sie.

Kartentricks

2. Lege den Stapel mit der Bildseite nach unten auf den Tisch und streife die Karten nach links aus. Wichtig ist, dass die unterste Karte so frei liegt, dass du sie mit deinem kleinen Finger festhalten kannst. Dann mischst du die Karten auf dem Tisch wild durcheinander, hältst dabei aber immer die unterste Karte (zum Beispiel Karo-Neun) mit dem Finger fest. So weißt du immer, wo sie liegt. Beende das Mischen und platziere deine Karte dabei am Rand. Merke dir genau, wo sie liegt.

3. Jetzt ist der erste Zuschauer an der Reihe. Er soll auf eine beliebige Karte zeigen und dabei fest an die Karo-Neun denken. Hast du dir eine andere Karte gemerkt, nennst du ihm natürlich diesen Kartenwert. Du nimmst die eben gezeigte Karte auf, schaust sie dir an und nickst zufrieden. Die Karte behältst du. Die Zuschauer sehen den Kartenwert nicht.

4. Der zweite Zuschauer ist nun dran. Auch er soll auf eine Karte zeigen und dabei an einen bestimmten Kartenwert denken. 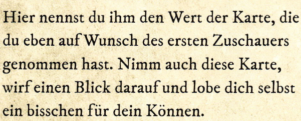 Hier nennst du ihm den Wert der Karte, die du eben auf Wunsch des ersten Zuschauers genommen hast. Nimm auch diese Karte, wirf einen Blick darauf und lobe dich selbst ein bisschen für dein Können.

5. Auch der dritte Helfer soll eine Karte ziehen und bekommt einen Kartenwert genannt. Es ist – oh Wunder – die Karte, die du auf Vorschlag des zweiten Zuschauers gezogen hast.

KARTENTRICKS

6. Nun bist du mit Ziehen dran. Natürlich nicht, ohne vorher ebenfalls den Wert anzugeben. Nenne dazu die Karte des letzten Zuschauers und nimm deine Karo-Neun auf. Jetzt hast du vier Karten in der Hand: drei mit den Kartenwerten der Zuschauer und eine mit deinem. Alle Werte stimmen exakt mit den genannten überein. Allerdings sind sie in einer anderen Reihenfolge gezogen worden. Das brauchen die Zuschauer aber nicht zu wissen.

8. Genieße die verblüfften Gesichter deines Publikums und nimm den Applaus entgegen.

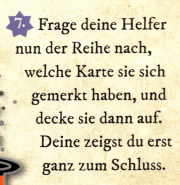

7. Frage deine Helfer nun der Reihe nach, welche Karte sie sich gemerkt haben, und decke sie dann auf. Deine zeigst du erst ganz zum Schluss.

49

KARTENTRICKS

Für Zauberlehrlinge

Für den Trick benötigst du:
* ein beliebiges Kartenspiel
* einen Helfer aus dem Publikum
* deinen Zauberstab

Dieser Trick funktioniert nur, wenn es dir gelingt, die Zuschauer mit deinem Gerede von geraden Kartenzahlen und Paaren so einzulullen, dass sie gar nicht erst mitzählen, wie viele Karten im Spiel sind. Übe deshalb ganz besonders deinen Vortrag!

Piano-Trick

Dank deiner außergewöhnlichen Fähigkeiten gelingt es dir spielend, eine Karte von einem Stapel zum anderen wandern zu lassen.

So gelingt dein Auftritt

1. Bitte einen Zuschauer zu dir. Er soll seine Hände auf den Tisch legen und die Finger dabei ein wenig spreizen, so als würde er Klavier spielen.

2. Setze dich ihm gegenüber. Nimm das Kartenspiel und stecke angefangen von links immer zwei Karten in die Fingerzwischenräume des Zuschauers. Zuerst zwischen kleinen Finger und Ringfinger, dann zwischen Ring- und Mittelfinger und so weiter, bis du ganz rechts angekommen bist. Dort steckst du zwischen Ringfinger und kleinen Finger nur eine Karte.

50

KARTENTRICKS

3. Während du die Karten verteilst, redest du ununterbrochen. Betone immer, dass du zwei Karten, also eine gerade Anzahl, verteilst: „Auch hier kommt wieder eine gerade Anzahl hin." Erst bei der letzten, einzelnen Karte sagst du: „Diese Karte kommt allein hierhin, eine einzige, also eine ungerade Anzahl."

4. Sind alle Karten verteilt, sammelst du sie wieder ein. Fange ebenfalls links an, nimm die beiden Karten aus dem Zwischenraum und sortiere sie auf zwei Stapel. Immer eine Karte links, die andere rechts. Mache das mit jedem Zwischenraum, in dem zwei Karten stecken. Sprich viel: „Ich nehme immer ein Paar", „Daraus werden zwei gerade Stapel", sprich immer so weiter, bis alle Karten auf zwei Stapel verteilt sind.

5. Bist du bei der letzten, einzelnen Karte angekommen, forderst du die Zuschauer auf, zu entscheiden, welchen Stapel sie zu einem ungeraden Stapel machen wollen. Auf den legst du dann die einzelne Karte.

6. Zeige auf den Stapel, auf den du die letzte einzelne Karte gelegt hast, und behaupte: „Das ist der Stapel mit der ungeraden Anzahl von Karten."

7. Zeige auf den anderen Stapel und stelle fest: „Das ist der Stapel mit der geraden Kartenzahl."

51

Kartentricks

8. Nimm deinen Zauberstab und kündige an, dass du jetzt eine Karte von dem einen zum anderen Stapel wandern lassen wirst. Schwenke den Stab und murmle einen Zauberspruch.

10. Zähle auch den zweiten Stapel paarweise durch: „Ein Paar, noch eins ... und eine Karte allein! Das ist also nun der ungerade Stapel. Die Wanderung der Karte ist geglückt."

9. Ist dein Zauber geglückt? Frage die Zuschauer, welches der ungerade Stapel war. Sie werden mit Sicherheit auf den Haufen mit der einzelnen Karte deuten. Nimm den Stapel und zähle ihn paarweise durch: „Ein Pärchen, noch eines, hier noch eines ... Das ist also nun ein gerader Stapel."

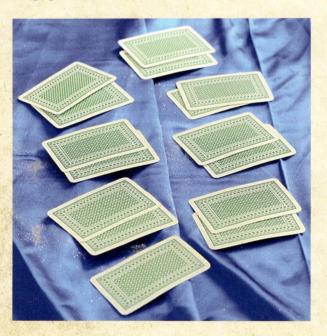

Wie ist das passiert? Der Trick besteht darin, dass in jedem Stapel Karten nach dem Sortieren sieben Karten liegen, also eine ungerade Zahl. Das bekommt aber keiner mit, weil du immer von Paaren und einer geraden Anzahl redest. Erst mit der einzelnen Karte wird der Stapel gerade, auch wenn du das Gegenteil behauptest.

KARTENTRICKS

Mache mir das nach

Aus zwei unterschiedlich gemischten Kartenspielen ziehen dein Freiwilliger und du genau die gleiche Karte. Das ist kein Zufall, sondern zauberisches Können!

So gelingt dein Auftritt

1. Zeige deinen Zuschauern die beiden Kartenspiele und erkläre ihnen, dass beide bis auf die unterschiedlichen Rückseiten identisch sind. Sie haben die gleiche Anzahl Karten und die gleichen Werte. Wer will, kann sich die Karten auch genauer anschauen. Bitte dann einen Freiwilligen zu dir. Er darf ein Kartenspiel wählen und mischen.

Für Zauberlehrlinge

Für den Trick benötigst du:
* zwei Kartenspiele mit unterschiedlichen Rückseiten
* einen Freiwilligen

Willst du dein Publikum zum Schluss noch mehr auf die Folter spannen? Dann kannst du eine Ecke deiner Karte ein wenig anheben und darunterschauen, ohne dass schon jemand anders den Kartenwert erkennen kann. Mache ein bestürztes Gesicht, so als ob dir der Trick misslungen wäre. Zücke deinen Zauberstab, murmle irgendetwas Unverständliches und hebe die Karte danach auf, um sie den Zuschauern zu zeigen. Jetzt darfst du erleichtert aussehen, denn nun ist es die richtige.

Kartentricks

2. Mische den anderen Stapel ebenfalls und erzähle den Zuschauern, dass du und dein Freiwilliger nun alle Schritte genau gleich machen werdet.

★★★★★★★★★★★★★★★★★

3. Als Erstes tauscht ihr die Karten. Bevor du jedoch dein Päckchen dem Freiwilligen übergibst, wirfst du heimlich einen Blick auf die unterste Karte in deinem Stapel. Diese Karte musst du dir sehr gut merken!

4. Jetzt soll dein Helfer eine Karte aus der Mitte seines Stapels wählen und sich merken. Diese Karte legt er dann zuoberst auf seinen Stapel. Mache es ihm nach. Die Karte, die du ziehst, brauchst du dir aber nicht zu merken. Es reicht, wenn du nur so tust, als würdest du sie dir einprägen.

5. Nun hebt ihr euren Stapel ab. Dazu nehmt ihr die obere Hälfte eurer Karten, legt sie daneben ab und hebt die andere Hälfte auf sie drauf. Damit liegt die Karte deines Freiwilligen nun genau unter der Karte, die du dir zu Beginn heimlich gemerkt hast.

6. Tauscht die Kartenspiele wieder zurück. Bitte deinen Helfer, die Karte, die er sich vorhin gemerkt hat, aus dem Kartenpäckchen herauszusuchen und verdeckt auf den Tisch zu legen.

KARTENTRICKS

8. Jetzt kommt dein großer Augenblick. Wende dich an die Zuschauer und fasse zusammen, was ihr bisher getan habt. „Und weil wir alles genau gleich gemacht haben, sollten auch die Karten, die jetzt verdeckt auf dem Tisch liegen, gleich sein, oder etwa nicht?" Nun bittest du deinen Helfer, seine Karte umzudrehen. Anschließend zeigst du dem Publikum deine verdeckte Karte. Es ist die gleiche wie bei deinem Freiwilligen!

7. Auch du tust nun so, als ob du deine zufällig gezogene Karte suchst. Machst du aber gar nicht. Stattdessen schaust du nach der Karte, die du dir zu Beginn des Tricks heimlich gemerkt hast. Direkt unter ihr liegt nämlich die Karte, die du brauchst, um dein Publikum zu verblüffen. Nimm diese Karte heraus und lege sie ebenfalls verdeckt auf den Tisch.

Hört sich kompliziert an? Ist es aber nicht. Der ganze Trick besteht nur darin, dass du dir zu Beginn die unterste Karte merkst und zum Schluss die Karte, die darunter liegt, auswählst.

55

KARTENTRICKS

Für Zauberprofis

Die denkende Karte

Aus einem Stapel von Karten fällt immer genau diejenige mit dem Bild nach oben auf den Boden, die sich ein Zuschauer zuvor ausgesucht hatte. Wie dir das gelingt, obwohl die Karten gemischt wurden, wird deinen Freunden ein echtes Rätsel bleiben!

Für den Trick benötigst du:
* ein Kartenspiel
* einen Freiwilligen

So bereitest du den Trick vor

Für den Trick musst du vor allem das Falschmischen üben. Das ist eine Technik, die dem Publikum vorgaukelt, dass die Karten gemischt werden. Stattdessen behalten aber

Damit den Zuschauern nicht auffällt, dass die oberste Karte nicht wie alle anderen auf dem Stapel liegt, hältst du das Kartenpäckchen am besten mit beiden Händen und stellst dich leicht schräg. Die überhängende Seite der Karte ist dabei von den Zuschauern abgewandt.

KARTENTRICKS

einige Karten ihre feste Position im Stapel und vermischen sich nicht mit den anderen. So geht es: Nimm die Karten so in die Hand, als wolltest du sie ganz normal mischen. Lege sie locker in die Handfläche, die Bildseite zeigt dabei immer nach unten. Versuche nun, einen Stapel aus dem Päckchen zu ziehen, ohne dass die vorderen und hinteren Karten mitgenommen werden. Lasse aus diesem Päckchen nach und nach einzelne Karten oder auch kleine Gruppen zurück zwischen die äußeren Karten gleiten.

wieder dahinter einsortieren. Als Nächstes musst du nur noch ausprobieren, wie weit die vom Zuschauer ausgewählte Karte über den Stapel hinausragen muss, damit sie sich zuverlässig dreht. Nach ein paar Testläufen wirst du den Dreh bestimmt heraushaben.

Um nur die oberste Karte stehen zu lassen, kannst du einen dicken Stapel direkt hinter ihr herausziehen und scheibchenweise

So gelingt dein Auftritt

1. Zeige dem Publikum ein Päckchen Karten. Sie dürfen es ruhig in die Hand nehmen und anschauen. Es ist ein ganz normales Kartenspiel, das werden sie dir bestätigen können.

2. Bitte einen Zuschauer, eine der Karten aus dem Stapel zu ziehen und sie herumzuzeigen. Jeder soll sehen

57

Kartentricks

können, welche Karte es ist. Dabei spielt es keine Rolle, ob du sie auch siehst oder nicht.

3. Lasse dir die Karte zurückgeben, lege sie wie nebenbei oben auf deinen Stapel Karten und fange sofort mit dem Falschmischen an.

5. Schiebe währenddessen die oberste Karte mit der Längsseite leicht über die restlichen Karten hinaus. Dann lässt du den gesamten Kartenstapel fallen. Die oberste Karte wird durch den Luftwiderstand leicht gebremst und dabei umgeklappt. Für die Zuschauer sieht das dann so aus, als wäre sie wie von Geisterhand aus dem Stapel gezogen und gewendet worden, wenn sie mit dem Bild nach oben auf dem Stapel liegen bleibt.

6. Hebe sie auf und lasse dir von deinem Publikum bestätigen, dass es sich um die Karte handelt, die vorhin gezogen wurde.

4. Damit die Zuschauer gar nicht so richtig mitbekommen, dass sich die Position der Karte gar nicht verändert, lenkst du sie mit ein paar Geschichten ab.

KARTENTRICKS

Die Farbenwanderung

Verblüffe dein Publikum damit, dass du eine beliebige Karte, die gezogen und wieder in das Spiel zurückgesteckt wird, problemlos wiederfindest. Der Trick besteht darin, dass du das Kartenspiel vorher so sortierst, dass die Karte auf einen Blick zu erkennen ist, ganz gleich, an welche Stelle sie der Zuschauer steckt.

So bereitest du den Trick vor

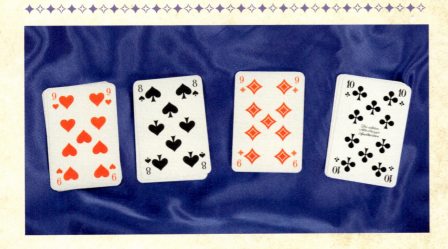

Zuerst sortierst du das Kartenspiel nach Farben. Als Farben werden bei einem Kartenspiel die verschiedenen Symbole, Herz, Karo, Pik und Kreuz, bezeichnet. Pik und Herz kommen auf einen Stapel, Karo und Kreuz auf einen anderen. Mische jeden Stapel einmal gut durch. In jedem Haufen sind jetzt sowohl schwarze als auch rote Karten wild durcheinander. Dass sich

Für Zauberprofis

Für den Trick benötigst du:
* ein Romméspiel
* einen Freiwilligen

Das Publikum kannst du gut von dem Kartenstapel ablenken, wenn du während des Tricks sprichst. Dann achtet es mehr auf das, was du sagst, und weniger auf das, was du tust. So bleibt ihnen verborgen, dass der Stapel nicht exakt aufeinanderliegt und du die Karten an einer ganz bestimmten Stelle abhebst.

Kartentricks

in jedem Stapel nur zwei Spielfarben befinden, wird der Zuschauer deshalb gar nicht bemerken. Beide Stapel legst du anschließend ein klein wenig versetzt aufeinander, sodass du weißt, wo der obere Stapel aufhört und wo der untere beginnt.

So gelingt dein Auftritt

★★★★★★★★★★★★★★★★★

1. Das vorsortierte Kartenspiel liegt vor dir auf dem Tisch. Kündige deinem Publikum nun an, dass es dir gelingen wird, eine vom Zuschauer gezogene Karte wiederzufinden. Hebe den oberen Kartenstapel an der Trennlinie ab. Das soll ganz zufällig aussehen, und die Anordnung der Karten bleibt dabei bestehen. Zeige beide Kartenstapel den Zuschauern.

2. Jetzt brauchst du einen Freiwilligen. Bitte eine Person aus dem Publikum zu dir auf die Bühne. Fächere die Karten so auf, dass die Rückseiten nach oben zeigen. Dein Helfer soll nun eine beliebige Karte aus dem Fächer ziehen, sich ansehen und merken. Er kann die Karte auch dem übrigen Publikum zeigen, nur du darfst sie natürlich nicht sehen.

60

KARTENTRICKS

ten Publikum. Lasse dir bestätigen, dass du die richtige Karte hast. Das ist dann wohl einen Applaus wert!

3. Die gezogene Karte soll der Freiwillige nun zurück in den zweiten (!) Kartenstapel stecken. Auch hier hältst du die Karten aufgefächert mit der Rückseite nach oben.

4. Jetzt kommt dein großer Auftritt. Blättere den zweiten Kartenstapel auf und sieh dir die Karten genau an. Schnell wirst du die gezogene herausfinden, denn sie ist die Einzige in dieser Farbe in dem Stapel. Ziehe sie heraus und zeige sie dem erstaun-

Wenn du möchtest, kannst du den Trick auch noch einmal zurück vorführen. Die in Durchgang eins gezogene Karte lässt du wie nebenbei – zum Beispiel, wenn du den Zuschauer nach vorn bittest – auf Stapel eins landen. So stimmt dann auch die Sortierung nach Farben wieder. Nun kann der Zuschauer aus dem zweiten Stapel eine Karte ziehen. Sie wird dann in den ersten Stapel zurückgesteckt. Auch hier wirst du die Karte an ihrer Farbe mit Leichtigkeit erkennen. Mehr als zweimal hintereinander solltest du den Trick aber nicht zeigen, sonst kommen die Zuschauer doch noch hinter dein Geheimnis.

KARTENTRICKS

Für Zauberprofis

> Für den Trick benötigst du:
> * zwei Kartenspiele
> * einen Freiwilligen

Üben, üben, üben! Die Karten, die auf dem Tisch landen, müssen mit der Bildseite unten liegen, sonst können die Doppelgänger sichtbar werden. Benutze möglichst neue Karten, denn sie rutschen leichter als alte.

Bube und Dame

Mit einer einzigen flinken Handbewegung gelingt dir das scheinbar Unmögliche: Du hältst die beiden Karten in der Hand, die eben noch mitten im Stapel steckten.

So bereitest du den Trick vor

Suche aus dem einen Kartenspiel den Pik-Buben und die Pik-Dame heraus. Sie steckst du zusätzlich in das zweite Kartenspiel – den Buben ganz nach oben und die Dame ganz nach unten. Den anderen Pik-Buben und die andere Pik-Dame aus dem zweiten Kartenspiel sortierst du mehr in der Mitte ein.

So gelingt dein Auftritt

1. Zeige den Zuschauern das vorbereitete Kartenspiel. Dabei dürfen sie natürlich nicht sehen, dass die äußeren Karten doppelt im Spiel sind.

62

KARTENTRICKS

2. Suche den Buben und die Dame aus der Mitte heraus und gib sie einem Zuschauer, der die Karten untersuchen darf.

3. Bitte ihn, sie sich zu merken. Anschließend soll er sie wieder an einer beliebigen Stelle in die Mitte zurückstecken. Dazu drehst du die Bildseite der Karten nach unten, damit dein Geheimnis nicht doch noch entdeckt wird.

4. Nimm den Kartenstapel in die linke Hand, als wolltest du ihn mischen. Fasse mit Daumen und Mittelfinger der rechten Hand die obere und untere Karte und ziehe sie mit einer blitzschnellen Bewegung ab.

5. Lasse die übrigen Karten gleichzeitig auf den Tisch fallen. In der rechten Hand hältst du nun, wie durch ein Wunder, den Pik-Buben und die Pik-Dame.

KARTENTRICKS

Für Zauberprofis

Für den Trick benötigst du:
✳ ein einfaches Romméspiel mit 52 Karten (ohne Joker)

Übe die Geschichte vorher ein paarmal. Je flüssiger du sie zum Besten geben kannst, desto spannender wird es für dein Publikum. Gut ist auch, wenn du sie richtig ausschmückst. So kannst du zum Beispiel erzählen, dass der Brand nachts ausbrach und der König in Schlafmütze und Pantoffeln fliehen musste oder der Bube unbedingt sein Schaukelpferd mitnehmen wollte. Denk dir noch ein paar weitere witzige Details aus.

Der Palast brennt

Du erzählst mithilfe der Karten die Geschichte vom großen Palastbrand.

So bereitest du den Trick vor

Aus dem Kartenspiel suchst du die beiden roten Könige und Buben, die beiden schwarzen Damen und die Kreuz-Zehn heraus. Mische die übrigen Karten des Romméspiels gut durch. Anschließend legst du den Karo-König, die Pik-Dame und den Herz-Buben in genau dieser Reihenfolge an das Ende des Kartenstapels.

So gelingt dein Auftritt

1. Nimm den vorbereiteten Kartenstapel in die Hand. Der Herz-Bube ist die unterste Karte. Sie dürfen die Zuschauer nie sehen. Erkläre den Zuschauern, dass dieser Kartenstapel der königliche Palast ist.

KARTENTRICKS

2. Nimm den aussortierten Herz-König, zeige ihn dem Publikum und sage: „Der König wohnt wegen der besseren Aussicht natürlich ganz oben im Schloss." Damit steckst du die Karte in das obere Drittel des Stapels.

3. „Die Königin wohnt eine Etage tiefer." Stecke die Kreuz-Dame in die Mitte des Stapels.

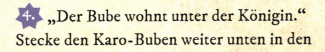

4. „Der Bube wohnt unter der Königin." Stecke den Karo-Buben weiter unten in den Stapel. „Der Diener wohnt ganz unten." Die Kreuz-Zehn kommt unter den Stapel.

5. Sind alle Karten im Stapel, erzählst du, wie der Brand ausbricht.

6. „Zum Glück hatte der Gärtner eine Leiter an der Palastwand vergessen, über die sich die Familie nun retten kann." Decke die unterste Karte auf. Kreuz-Zehn wird sichtbar. Decke die vorletzte Karte auf. Der Bube klettert die Leiter herab. Als Nächstes folgt die Dame und ganz zum Schluss rettet sich der König selbst.

Über deiner aufregenden Geschichte haben die Zuschauer hoffentlich gar nicht bemerkt, dass die Bildkarten gar nicht diejenigen sind, die du in den Stapel gesteckt hast.

65

Tücher- und Seiltricks

Für Zauberanfänger

Der magische Knoten

Wetten, dass du in ein Seil einen Knoten binden kannst, obwohl du beide Enden fest in den Händen hältst?

So gelingt dein Auftritt

Für den Trick benötigst du:
* ein etwa 1 Meter langes Seil

Während du den Knoten machst, kannst du deine Zuschauer mit Geschichten ablenken, damit sie nicht genau sehen, was du machst.

1. Zeige deinen Zuschauern ein Stück Seil. Frage sie dann, ob sie eine kleine Wette mit dir abschließen wollen. Wem es gelingt, das Seil mit beiden Händen an den Enden zu fassen und, ohne loszulassen, einen Knoten hineinzubinden, darf ab sofort eine Zaubererlehre bei dir machen.

2. Jetzt darf jeder probieren. Meistens ist das sehr lustig, weil dabei die komischsten Verrenkungen gemacht werden.

3. Wenn alle versucht haben, einen Knoten zu machen, nimmst du das Seil zurück und legst es vor dir auf den Tisch. Setze dich gemütlich hin und verschränke dabei die Arme. Eine Hand liegt oben, die andere zeigt nach unten.

Tücher- und Seiltricks

⭐ **5.** Halte das Seil weiter fest. Löse die verschränkten Arme und ziehe sie nach außen.

⭐ **4.** Mit den verschränkten Armen greifst du das Seil. Das eine Ende nimmst du mit der unteren Hand, das andere Ende mit der Hand, die oben liegt.

⭐ **6.** Im Seil entsteht eine Schlinge, die du jetzt nur noch festzuziehen brauchst, indem du die Arme weiter nach außen führst. Hast du gleichmäßig gezogen, befindet sich der Knoten genau in der Mitte des Seils.

Tücher- und Seiltricks

Für Zauberanfänger

Für den Trick benötigst du:
* ein Seil in Springseilstärke (etwa 60–80 Zentimeter lang)

Lege das zweite Seilende in der Faust nach innen. Wenn der Knoten außen, das heißt vorn an den Fingern liegt, kannst du ihn leichter fallen lassen.

Knoten zaubern

Beeindrucke dein Publikum damit, dass du in Sekundenschnelle einen Knoten in ein Seil zauberst. In diesem Tempo soll dir das erst einmal einer nachmachen!

So bereitest du den Trick vor

Binde in ein Ende des Seils vor Beginn der Vorstellung ziemlich weit oben einen Knoten. Die Zuschauer dürfen das Seil natürlich nicht zu Gesicht bekommen.

So gelingt dein Auftritt

1. Nimm das vorbereitete Seil und zeige es den Zuschauern. Den Knoten versteckst du dabei in deiner Hand. Achte darauf, dass oben aus deiner Faust noch ein

68

Tücher- und Seiltricks

Stückchen des Seils herausschaut. Das andere Ende hängt lose herunter.

2. Kündige den Zauber an: „Hochverehrtes Publikum, gleich werdet ihr Zeuge eines starken Knotenzaubers. Nur durch den richtigen Spruch wird es mir gelingen, einen Knoten in das Seil zu zaubern."

3. Nimm dann das andere Seilende in die gleiche Hand, in der schon der Knoten verborgen ist. Nun schauen zwei Seilenden oben aus der Faust und das Seil selbst hängt in einem Bogen.

5. Nun musst du nur noch das Seilende mit dem Knoten loslassen, und fertig ist der Zauber. Wie von dir angekündigt, befindet sich in dem Seil nun ein Knoten.

4. Zeit für den Zauberspruch. Hier kannst du eine Reihe von unverständlichen Worten murmeln und mit der freien Hand beschwörende Gesten machen.

69

Tücher- und Seiltricks

Für Zauberanfänger

Bänder, wechselt euch

Damit beeindruckst du deine Zuschauer garantiert: Mit einem einzigen Ruck am oberen Band tauschst du die Bänder an deinem Handgelenk.

So bereitest du den Trick vor

Für den Trick benötigst du:
* zwei verschiedenfarbige Bänder (etwa 80 Zentimeter lang und 1 Zentimeter breit), zum Beispiel ein grünes und ein violettes
* Textilkleber

Klebe bei jedem Band die Enden so zusammen, dass die Bänder einen Kreis bilden. Das Band darf sich dabei nicht verdrehen. Bevor du den Trick das erste Mal zeigst, müssen die Klebestellen gut getrocknet sein, sonst könnten sie sich durch den Ruck am Band wieder lösen.

So gelingt dein Auftritt

Der Wechsel gelingt leichter, wenn du glatte Bänder für die Vorführung benutzt. Sie flutschen besser und verheddern sich nicht so schnell.

1. Hänge dir das grüne Band wie einen Einkaufsbeutel oder einen Armreifen über das Handgelenk.

TÜCHER- UND SEILTRICKS

2. Greife mit der freien Hand die untere Schlaufe des grünen Bandes und fädle sie durch das violette Band. Die untere grüne Schlaufe hängst du dann ebenfalls über dein Handgelenk. Das violette Band hängt nun quer zum grünen dazwischen.

4. Ratzfatz hängt plötzlich das violette Band über deinem Handgelenk und das grüne baumelt dazwischen!

3. Nun ziehst du mit Schwung das obere Band, in unserem Beispiel das grüne, nach unten. Greife es dazu knapp unterhalb deines Handgelenks.

Zeige deinen Zuschauern den Trick gleich noch einmal. Schwupps, grün ist wieder oben, violett unten!

71

Tücher- und Seiltricks

Für Zauberanfänger

Für den Trick benötigst du:
* ein Seil (etwa 1 Meter lang)
* eine undurchsichtige Plastikflasche
* eine Kugel aus Kork

Du kannst den Trick auch zeitgleich mit einem Zuschauer vorführen, wenn du zwei identische Flaschen und Seile hast. Allerdings wird der Trick dem Freiwilligen nicht gelingen, weil nur du eine Korkkugel hast.

Die schwebende Flasche

Wie von Geisterhand gehalten schwebt die Flasche an der Schnur. Was der Zuschauer nicht ahnt: In ihrem Inneren ist eine Korkkugel verborgen, die dafür sorgt, dass sich das Seil verklemmt.

So bereitest du den Trick vor

Wähle für deine Vorführung eine Flasche mit schmalem Hals. Die Korkkugel sollte gerade so groß sein, dass sie locker durch die Flaschenöffnung passt.

So gelingt dein Auftritt

1. Zeige deinen Zuschauern die Flasche und das Seil. Sie können beides in die Hand nehmen und eingehend untersuchen.

72

Tücher- und Seiltricks

2. Stecke die in deiner Hand verborgene Kugel heimlich in die Flasche und das Seil direkt hinterher.

3. Drehe die Flasche mit der Öffnung langsam nach unten und halte dabei das Seil fest in der Hand. Die Korkkugel rollt nach unten und klemmt das Seil fest. Ziehe unbemerkt an dem Seil, um zu prüfen, ob es hält.

4. Ist das Seil stramm, wendest du die Flasche wieder und lässt sie an dem Seil hin und her pendeln.

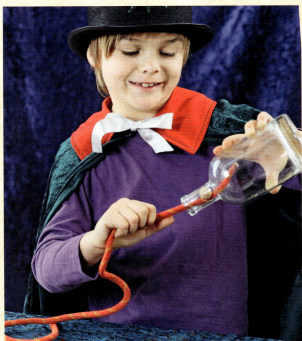

Natürlich nimmst du eine undurchsichtige Flasche. Wir haben hier eine durchsichtige verwendet, damit du den Trick besser verstehen kannst.

5. Beende den Trick, indem du das Gefäß aufrecht hinstellst. Die Kugel rollt zurück auf den Boden. Kippe die Flasche leicht an und ziehe das Seil heraus. Den nachrollenden Ball lässt du heimlich in deiner Hand verschwinden.

Tücher- und Seiltricks

Für Zauberlehrlinge

Das verzauberte Gummiband

Mit einer einzigen kleinen Bewegung hüpft ein Gummiband von Zeige- und Mittelfinger hinüber auf Ringfinger und kleinen Finger.

So bereitest du den Trick vor

Hier kommt es auf Schnelligkeit und deine Fingerfertigkeit an. Übe vorher mit verschiedenen Gummibändern, damit du herausfindest, welches gut auf deine Finger passt und die richtige Spannung hat.

So gelingt dein Auftritt

Für den Trick benötigst du:
* ein Gummiband

Achte auf die Entfernung zum Publikum. Es muss das Band noch sehen können, darf aber nicht so dicht sitzen, dass es erkennt, wie du das Gummi um die Finger legst.

1. Lege das Gummiband um Zeige- und Mittelfinger der ausgestreckten Hand.

2. Ziehe das Band in der Handfläche nach unten weg und krümme die Finger zur Faust.

Tücher- und Seiltricks

3. Lege das Gummi in der Handinnenseite um alle vier gebeugten Finger, nach Möglichkeit über die Fingernägel. Rutscht es dir dort zu leicht ab, schiebst du es ein kleines Stück höher.

4. Halte die Faust so zum Publikum, dass es nur die Außenseite deiner Hand und damit das Gummiband um zwei Finger sieht. Kündige an, dass das verzauberte Gummiband gleich einen Salto in der Luft machen und sicher auf den beiden anderen Fingern landen wird.

Fordere die Zuschauer auf, ganz genau hinzusehen, da das Gummiband sehr schnell unterwegs sein wird. Selbstverständlich ist nachher gar kein Salto zu sehen, aber das wissen deine Zuschauer ja nicht.

5. Aktiviere den Gummibandzauber mit einer Beschwörungsformel: „Gummiband, verlass die Hand, fliege hoch zum Purzelbaum, wandere dann, als wär's ein Traum!"

6. Um das Gummiband „fliegen" zu lassen, streckst du dann schnell alle Finger nach oben aus. Das Band wechselt die Finger und sitzt nun über Ringfinger und kleinem Finger.

75

Tücher- und Seiltricks

Für Zauberlehrlinge

Für den Trick benötigst du:
* eine lange Schnur

Knoten-Kuddelmuddel

Aus ein paar achtlos über die Hand geworfenen Schlingen zauberst du im Nu eine ordentliche Reihe Knoten.

So gelingt dein Auftritt

1. Nimm die Schnur in beide Hände. Kehre dazu die Handrücken nach außen, die Handinnenflächen sind dir zugewandt. Beide Daumen zeigen nach außen. Die Schnur verläuft zwischen Daumen und Zeigefinger von Hand zu Hand. Die Enden hängen lose herunter.

Wenn du ein paarmal übst, hast du schnell raus, wie du die Schlingen legen musst. Dann brauchst du gar nicht mehr hinzuschauen, was du tust, sondern kannst dich locker mit den Zuschauern unterhalten.

2. Drehe die rechte Hand nach unten ein und klemme die Schnur dabei in der Mulde zwischen Daumen und Zeigefinger fest. Die Fingerspitzen zeigen nach unten, die Handfläche ist dir zugewandt. Hebe die rechte Hand leicht an, sodass sich eine lockere Schlinge bildet.

Tücher- und Seiltricks

3. Lege die Schlinge über die linke Hand. Dazu drehst du sie so, dass die Fingerspitzen nach rechts deuten, die Handfläche zeigt zu dir.

4. Für die zweite Schlinge nimmst du das Seil wieder wie zu Beginn mit der rechten Hand auf. Dann eindrehen, eine Schlinge bilden und wieder über die linke Hand heben. Lege mindestens drei bis vier solcher Schlingen.

5. Nun hängen über deiner linken Hand die Schlingen sowie das linke Seilende. Dieses ziehst du jetzt mit der rechten Hand von links nach rechts durch die Schlingen hindurch und hältst es fest.

6. Bitte die Zuschauer um einen Trommelwirbel. Dann schlägst du das eben durchgezogene Seilende mit Schwung nach unten, gleichzeitig lässt du die Schlingen auf der linken Hand fallen. Potz Blitz! In dem Seil sind sauber aufgereiht die Knoten.

77

Tücher- und Seiltricks

Für Zauberlehrlinge

Für den Trick benötigst du:
* zwei Seile (jeweils 1 Meter lang)
* einen Helfer aus dem Publikum

Die Zuschauer können das Kunststück am besten sehen, wenn ihr euch quer zu ihnen stellt.

Die Befreiung

Obwohl du durch ein Seil mit einem Zuschauer verbunden bist, gelingt dir die blitzschnelle Befreiung.

So gelingt dein Auftritt

1. Bitte einen Freiwilligen aus dem Publikum zu dir. Knote ihm ein Seilende um das linke und das andere Seilende um das rechte Handgelenk. Achte dabei darauf, dass die Knoten zwar fest sind, das Seil aber nur locker um die Hand gebunden ist. Es muss noch so viel Spielraum sein, dass du deine flache Hand bequem zwischen Handgelenk und Seil schieben kannst.

2. Jetzt darf dir der Zuschauer auf die gleiche Art und Weise die Hände mit dem zweiten Seil binden. Erst die eine Hand. Achtung! Bevor auch die zweite Hand gefesselt

Tücher- und Seiltricks

wird, führst du das Seil in einer Schlaufe zwischen den gebundenen Händen deines Helfers hindurch. Erst dann bindet dein Helfer das zweite Ende um dein Handgelenk. Auch hier auf genügend Luft zwischen Seil und Hand achten. Du bist nun mit dem Zuschauer verbunden.

4. Die Befreiung gelingt, wenn du mit einer Hand dein Seil greifst. Nimm es in der Mitte und ziehe es durch die Schlaufe am Handgelenk des Zuschauers in Richtung seiner Fingerspitzen.

3. Bitte um einen Trommelwirbel, denn nun wirst du dich vor den Augen deines staunenden Publikums innerhalb von Sekunden entfesseln.

5. Ziehe die Schlaufe deines Seils nun über die Hand des Zuschauer und schwuppdiwupp, schon bist du frei!

Tücher- und Seiltricks

Für Zauberprofis

Die Mutter am Band

Eine Schrauben-Mutter wird auf eine Schnur gezogen. Ein Zuschauer darf die Schnur in Händen halten. Natürlich gelingt es dir als Zauberprofi trotzdem, die Mutter unbemerkt vom Band zu lösen.

So bereitest du den Trick vor

Stecke dir vor der Aufführung das Tuch zusammen mit der zweiten Mutter in die rechte Hosentasche. Während der Aufführung ziehst du beides zusammen so heraus, dass die Mutter im Tuch verborgen bleibt. Übe diesen Schritt mehrmals.

So gelingt dein Auftritt

Für den Trick benötigst du:
* einen Schnürsenkel
* zwei gleiche Schraubenmuttern (etwa 2 Zentimeter Durchmesser)
* ein undurchsichtiges Tuch
* einen Freiwilligen

1. Zeige dem Publikum den Schnürsenkel und die Mutter.

2. Bitte einen Freiwilligen zu dir nach vorn. Gib ihm ein Ende des Schnürbandes in die Hand, fädle die Mutter auf die Schnur und reiche dem Helfer auch das zweite Ende. Die Mutter hängt nun auf dem Band.

Schließe deine Hand unter dem Tuch immer fest um die Originalmutter. So können die beiden Metallteile nicht gegeneinanderstoßen und dabei Geräusche machen.

Tücher- und Seiltricks

3. Sprich die Zuschauer an: „Eigentlich ist es nicht möglich, die Mutter vom Band zu entfernen, solange die beiden Enden festgehalten werden. Es sei denn, man verfügt über magische Kräfte!" Ziehe das Tuch mit der rechten Hand (zusammen mit der zweiten Mutter) aus der Hosentasche.

> *Ist die Schnur zu straff gespannt, bittest du deinen Helfer, sie ein wenig locker zu lassen. Das ist wichtig, damit du nun im Verborgenen die zweite Mutter befestigen kannst.*

4. Halte das Tuch am oberen Zipfel mit Daumen und Zeigefinger fest. Die anderen drei Finger schließt du locker zu einer Faust. Darin versteckst du die zweite Mutter.

Hier ist die Mutter versteckt.

5. Greife mit der linken Hand den unteren Tuchzipfel, die andere Tuchseite hältst du immer noch mit rechts. So kannst du es wie eine Decke über die aufgefädelte Mutter hängen.

6. Dann greifst du mit beiden Händen darunter, sodass die anderen nicht sehen können, was du machst.

7. Lege die linke Hand unter dem Tuch über die Originalmutter. Durch die zweite Mutter in deiner rechten Hand fädelst du die Schnur von hinten nach vorn, sodass eine kleine Schlaufe entsteht.

8. Die Schlaufe stülpst du wie eine kleine Schlinge von vorn nach hinten um die Mutter herum. Sie hängt nun in dem Band. Übe diesen Vorgang so lange ohne das Tuch, bis du die Mutter auch ohne hinzusehen sicher einfädeln kannst.

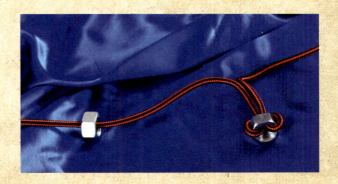

Tücher- und Seiltricks

9. Anschließend ziehst du deine Hände an der Schnur entlang nach außen unter dem Tuch hervor. Die linke Hand verbirgt dabei die Originalmutter.

Hier ist die Mutter versteckt.

Hier ist die Mutter versteckt.

10. Wenn du bei den Händen deines Helfers angekommen bist, übernimmst du die Schnurenden und bittest ihn, das Tuch wegzunehmen.

11. Nimmt dein Helfer das Tuch weg, ist die Mutter wieder zu sehen. Sie hängt jetzt zwar anders am Band als zu Beginn, aber das wird niemandem auffallen, wenn du schnell weitermachst.

12. Nimm die Seilenden in die rechte Hand, dabei ziehst du die Originalmutter mit links vom Band ab. Reiche die Schnur zurück an den Freiwilligen und nimm ihm gleichzeitig das Tuch wieder ab. Darin versteckst du die Mutter. Lege beides zusammen beiseite.

13. Bitte deinen Helfer, die Schnur wieder mit beiden Händen zu fassen. Dann soll er beide Arme langsam möglichst weit ausstrecken. In dem Augenblick, wo sich das Seil strafft, fällt die Mutter, wie von Geisterhand vom Band gelöst, auf den Tisch.

82

Tücher- und Seiltricks

Das tanzende Gespenst

Aus einem gewöhnlichen Seidentuch wird ein kleines Gespenst, das unter deinen Händen zum Leben erwacht und für das Publikum tanzt.

So bereitest du den Trick vor

Nähe den durchsichtigen Nylonfaden an beiden Beinen ein kleines Stück unterhalb der Knie an die Innenseite deiner Hose. Mit dem Faden verbindest du die beiden Hosenbeine. Er muss so lang sein, dass du dich noch gut und normal bewegen kannst. Ungefähr 35 Zentimeter Länge sollten reichen.

Für Zauberprofis

Für den Trick benötigst du:
* ein Seidentuch (etwa 30 x 30 Zentimeter)
* einen durchsichtigen, möglichst dünnen Nylonfaden
* eine Nadel
* einen Hocker oder Stuhl
* einen Salzstreuer

Der Gespenstertanz sieht bei stimmungsvoller Beleuchtung besonders magisch aus.

83

Tücher- und Seiltricks

So gelingt dein Auftritt

★☆★☆★☆★☆★☆★☆★☆★☆★☆★☆★

1. Erzähle deinem Publikum, dass du Gegenstände zum Leben erwecken kannst. Ziehe das Seidentuch aus der Tasche und zeige es herum. „Dieses Tuch ist ein gewöhnliches Tuch. Es kann nichts." Lasse das Tuch zu Boden fallen. Hebe es wieder auf und reiche es an die Zuschauer weiter.

2. Lasse dir das Tuch zurückgeben. „Ich werde nun meine magischen Kräfte einsetzen und das Tuch verwandeln." Hebe das Tuch hoch und mache in eine Ecke einen Knoten. Streue etwas Salz auf den Knoten und sprich dazu: „Tuch, du kleines, Tuch, du feines, werd' was Neues, Ungeheures!" Schüttle das Tuch ein wenig und stelle es dann den Zuschauern als tanzendes Gespenst vor.

3. Flüstere ein wenig mit dem Gespenstertuch. Übersetze dann für das Publikum: „Ich habe es gefragt, ob es für euch tanzen will, und es ist bereit dazu." Rede immer weiter leise mit dem Tuch und setze dich dann auf den bereitstehenden Stuhl oder Hocker. Der Faden zwischen deinen Hosenbeinen sollte leicht durchhängen.

✦✧✦✧✦✧✦✧✦✧✦✧✦✧✦✧✦✧✦✧✦

4. Damit das Gespenst tanzen kann, musst du es auf den Faden setzen. Rede dabei leise weiter mit dem Tuch. Zwischendurch wendest du dich dann mit einzelnen Sätzen an

Tücher- und Seiltricks

deine Zuschauer: „Es ist heute etwas scheu." Flüstere wieder mit dem Tuch. „Du meinst, nicht so hoch?" Halte das Tuch etwas tiefer: „Ist es so besser?" Auf diese Art und Weise kannst du dich langsam weiter nach unten beugen, bis du die Höhe des Fadens erreicht hast.

> *Diesen Schritt solltest du unbedingt mehrmals üben, damit du ein Gefühl für Tuch und Faden bekommst. Finde heraus, wie du das Tuch aufsetzen musst, damit es hält, und welche Bewegungen du machen kannst, ohne dass es herunterfällt.*

5. Nun kommt der entscheidende Augenblick. Setze das Gespenst von vorn auf den Faden.

6. Lasse dein Gespenst nun tanzen. Dazu bewegst du unmerklich die Knie. Durch die veränderte Spannung des Fadens bewegt sich das Tuch darauf. Halte die ganze Zeit deine Hände über dem Gespenst, so als wärt ihr mit Marionettenfäden verbunden.

7. Um die Vorstellung zu beenden, sagst du: „Genug für heute. Es muss sich jetzt ein bisschen ausruhen." Dann ziehst du die Knie auseinander, sodass sich die Schnur spannt. Dadurch fliegt dein Gespenst in die Luft, wo du es auffängst.

85

ZAHLEN- UND RECHENTRICKS

Für Zauberanfänger

Der Fünfer-Trick

Bei diesem Trick kennst du das richtige Ergebnis schon, bevor dein Freiwilliger mit dem Rechnen fertig ist. Wie das sein kann? Ganz einfach: Die Lösung ist immer fünf.

So gelingt dein Auftritt

1. Bevor du diesen Trick vorführen kannst, musst du dir die Reihenfolge der Rechnung gut einprägen.

2. Bitte einen Freiwilligen zu dir auf die Bühne und erkläre ihm, dass er eine kleine Rechenaufgabe für dich lösen soll.

Für den Trick benötigst du:
* einen Freiwilligen
* Zettel und Stifte

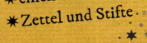

Dieses Zauberkunststück darfst du auf keinen Fall vor demselben Publikum noch einmal wiederholen. Denn sonst werden deine Zuschauer stutzig und kommen womöglich noch hinter das Geheimnis dieses Tricks.

3. Zuerst soll er sich eine einstellige Zahl ausdenken, also irgendeine Zahl von eins bis neun.

86

ZAHLEN- UND RECHENTRICKS

4. Hat er sich für eine Zahl entschieden, soll er die gleiche Zahl noch einmal zur ersten hinzuzählen.

5. Dann addiert er zehn dazu.

6. Anschließend teilt er das Ergebnis durch zwei und zieht davon die ausgedachte Zahl vom Anfang wieder ab. Sein Ergebnis schreibt er verdeckt auf einen Zettel.

7. Du notierst ebenfalls eine Zahl. Bitte die Zuschauer um einen Tusch für dich und zeige ihnen dann deinen Zettel mit der Zahl. Auch dein Freiwilliger zeigt seinen Zettel. Auf beiden steht die Fünf!

Der Trick funktioniert immer. Probiere es aus. Ein Beispiel: Der Zuschauer denkt sich sieben. Sieben dazu sind 14. Plus zehn sind 24. Durch zwei ist zwölf. Minus sieben ist fünf.

87

ZAHLEN- UND RECHENTRICKS

Für Zauberlehrlinge

Für den Trick benötigst du:
* einen Taschenrechner
* einen Freiwilligen

Geburtstag hellsehen

Mit einer kleinen Rechenaufgabe bekommst du heraus, wann dein Zuschauer Geburtstag hat. Da ein Zauberer seine Tricks natürlich nicht verrät, erzählst du dem Publikum stattdessen, dass du das Datum hellsehen kannst.

So gelingt dein Auftritt

1. Frage deine Zuschauer, wer von ihnen gern seinen Geburtstag hellsehen lassen will.

2. Wähle von ihnen eine Person aus und erkläre ihr, dass du besser hellsehen kannst, wenn du dabei rechnen darfst. Damit es für deinen Teilnehmer nicht zu mühsam wird, bekommt er einen Taschenrechner.

Wenn dir Kopfrechnen leichter fällt, wenn du die Zahlen siehst, kannst du deinen Freiwilligen auch bitten, seine Zahl auf einen Zettel zu schreiben.

88

ZAHLEN- UND RECHENTRICKS

3. Die Aufgabe für den Freiwilligen lautet: Die Tageszahl des Geburtstages wird verdoppelt, und zu dem Ergebnis rechnet dein Freiwilliger fünf dazu. Die Summe soll er mit 50 malnehmen und anschließend die Zahl seines Geburtsmonats dazuzählen. Das Endergebnis teilt er dir mit.

4. Jetzt bist du dran. Auch du musst ein kleines bisschen rechnen. Die Zuschauer sollen das aber nicht merken, deshalb lenkst du sie mit ein paar magischen Handbewegungen ab. Währenddessen ziehst du vom Zuschauerergebnis schnell 250 ab. Die vierstellige Zahl, die du ausrechnest, verrät dir das Geburtsdatum deines Zuschauers. Die ersten beiden Stellen ergeben den Tag und die letzten beiden Zahlen den Monat. Hast du zum Beispiel 1012 herausbekommen, hat dein Freiwilliger am 10. Dezember Geburtstag.

Geburtstag 10.12.
1. $10 \times 2 = 20$
2. $20 + 5 = 25$
3. $25 \times 50 = 1250$
4. $1250 + 12 = 1262$

5. Verkünde das Geburtsdatum und bitte den Zuschauer, zu bestätigen, dass du recht hast.

Dein Rechenweg
$1262 - 250 = 1012 \rightarrow$ 10. Dezember

ZAHLEN- UND RECHENTRICKS

Für Zauberlehrlinge

Für den Trick benötigst du:
* einen Taschenrechner
* einen Freiwilligen

Alter hellsehen

Für einen Zauberer, der den Geburtstag eines Zuschauers hellsehen kann, ist es natürlich ein Leichtes, auch das Alter eines Freiwilligen zu sehen. Eine kleine Rechenaufgabe hilft dir dabei.

So gelingt dein Auftritt

1. Hole dir von einem Zuschauer die Erlaubnis, sein Alter hellzusehen.

2. Gib deinem Freiwilligen einen Taschenrechner, mit dessen Hilfe er eine Rechnung lösen soll.

3. Die Aufgabe lautet: Zähle zu deinem Alter noch einmal die gleiche Zahl hinzu. Addiere fünf. Nun nimmst du diese Zahl mal fünf. Wie lautet deine Zahl?

Wenn in deiner Vorstellung nur Menschen sitzen, deren Alter du weißt, fragst du nach dem Alter eines Verwandten, den du nicht kennst. Der Freiwillige soll dann zum Beispiel das Alter seiner Oma auf einem Zettel notieren, bevor er mit dem Rechnen beginnt.

ZAHLEN- UND RECHENTRICKS

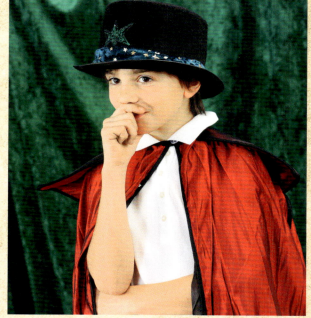

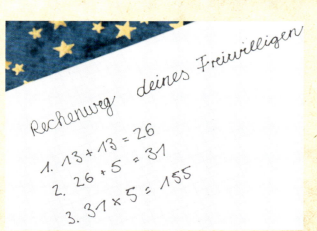

5. Nimm die Zuschauerzahl und lasse die letzte Stelle wegfallen. Von der verbliebenen Zahl ziehst du zwei ab. Damit hast du das Alter des Freiwilligen.

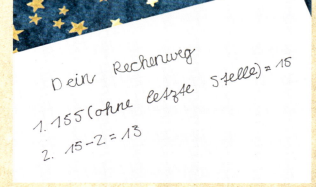

4. Wenn dir dein Helfer seine Zahl gesagt hat, konzentrierst du dich ganz doll. So soll es jedenfalls für das Publikum aussehen. Nimm die Hände an den Kopf, schließe die Augen, summe leise vor dich hin. Das dient der Tarnung, denn in der Zwischenzeit rechnest du das Alter des Zuschauers aus.

6. Jetzt musst du nur noch verkünden, welche Zahl du hellgesehen hast. „Vor meinem inneren Auge ist mir ganz deutlich die 13 erschienen. So alt bist du." Der Freiwillige bestätigt dann dem staunenden Publikum, dass das stimmt.

Zahlen- und Rechentricks

Für Zauberlehrlinge

Für den Trick benötigst du:
* zwei Stifte
* Papier
* einen Taschenrechner
* ein Buch
* einen Freiwilligen

Erscheint dir die Rechnung selbst sehr kompliziert, bereitest du einen Zettel oder ein Plakat mit den einzelnen Schritten vor. Daran könnt ihr euch dann orientieren.

Die magische 9

Überzeuge deine Zuschauer, dass du ihre Gedanken lesen kannst. Woher solltest du wohl sonst wissen, welche Zahl dein Helfer errechnet hat und welches Wort das erste auf einer beliebigen Buchseite ist?

So bereitest du den Trick vor

Suche dir ein Buch aus, das dir gefällt oder das zum Thema Zaubern passt. Schlage auf Seite neun das erste Wort nach und merke es dir gut. Lege das gewählte Buch auf deinen Zaubertisch.

So gelingt dein Auftritt

1. Zuerst brauchst du einen Helfer aus dem Publikum. Frage, wer bereit ist, seine Gedanken von dir lesen zu lassen.

ZAHLEN- UND RECHENTRICKS

2. Hast du einen Freiwilligen gefunden, gibst du ihm Stift, Papier und einen Taschenrechner. Diese Dinge benötigt er für eine kleine Rechnung.

3. Gehe so weit beiseite, dass du keine Möglichkeit hast, die Zahlen zu sehen, die er aufschreibt. Du kannst dich natürlich auch umdrehen.

4. Gib ihm folgende Anweisung: „Schreibe eine beliebige vierstellige Zahl auf deinen Zettel. Anschließend bildest du aus den Ziffern dieser Zahl eine andere, die natürlich ebenfalls vierstellig ist. Schreibe die zweite Zahl unter die erste. Jetzt kannst du den Taschenrechner benutzen und bei deinen beiden Zahlen die kleinere von der größeren abziehen. Notiere das Ergebnis. Zähle nun alle Ziffern deines Ergebnisses zusammen. Ist die Summe zweistellig, addierst du diese beiden Ziffern, damit du am Schluss eine einstellige Zahl hast."

1. ausgedachte Zahl zum Beispiel: 5971
2. andere Zahl daraus bilden: 9157
3. 9157 − 5971 = 3187
4. 3 + 1 + 8 + 6 = 18
5. 1 + 8 = 9

5. Reiche ihm anschließend das Buch von deinem Zaubertisch. Bitte ihn, es auf der Seitenzahl aufzuschlagen, die er am Ende seiner Rechnung aufgeschrieben hat. Das erste Wort, das dort steht, soll er auf einen Zettel schreiben und diesen zusammenfalten.

93

ZAHLEN- UND RECHENTRICKS

6. Nimm das Buch wieder an dich und lege es beiseite. Fasse noch einmal zusammen: „Ich kenne weder die erste vierstellige Zahl, die sich mein Gast ausgedacht hat, noch die zweite, in die sie umgeschrieben wurde. Aus diesem Grund kenne ich natürlich auch nicht das Ergebnis seiner Berechnungen und habe keine Ahnung, welche Seite er im Buch aufgeschlagen hat. Eine wirklich schwierige Aufgabe, aber nicht unlösbar."

7. Bitte nach dieser kurzen Rede um Ruhe, denn nun musst du dich sehr stark konzentrieren, um das Wort aus den Gedanken deines Mitspielers zu lesen. Starre den Freiwilligen an, als könntest du das Wort auf seiner Stirn lesen. Greife dann wie in Trance, das ist ein schlafähnlicher Zustand, nach Zettel und Stift und schreibe das Wort darauf.

8. Gib deinen Zettel an eine Person im Publikum. Sie darf ihn vorlesen. Auch dein Helfer liest sein Wort vor: Es ist dasselbe!

Falls du dich jetzt selbst fragst, wie der Trick funktioniert, ist hier die Lösung: Ganz gleich, welche Zahlen zusammengezählt und voneinander abgezogen werden – das Ergebnis ist immer neun. Du musst dir deshalb nur das erste Wort auf Seite neun merken und hast damit immer recht.

ZAHLEN- UND RECHENTRICKS

Geldscheintrick

Ein Zuschauer ändert die Reihenfolge der Geldscheine. Du weißt natürlich trotzdem, an welcher Position die gesuchte Banknote liegt.

So bereitest du den Trick vor

Besorge dir vier Geldscheine. Drei davon müssen gleich sein, einer kann einen anderen Wert haben. Zum Beispiel drei Fünf-Euro-Scheine und einen Zehn-Euro-Schein. Präge dir die Reihenfolge des Tricks gut ein.

So gelingt dein Auftritt

1. Zeige dem Publikum die vier Geldscheine und lege sie dann auf den Tisch.

2. Bitte einen Freiwilligen zu dir. Erkläre ihm, dass er die Reihenfolge der Scheine jetzt so verändern kann, wie er möchte. Merke dir unbedingt, an welcher Position der Schein mit dem einzelnen Wert (hier: Zehn-Euro-Schein) zu liegen kommt.

Für Zauberprofis

Für den Trick benötigst du:
* vier Geldscheine
* einen Freiwilligen

Hast du keine echten Banknoten oder willst keine zum Zaubern benutzen, kannst du genauso gut Spielscheine nehmen.

Zahlen- und Rechentricks

3. Sind die Scheine vertauscht, erzählst du dem Publikum, dass du dich gleich umdrehen wirst. Dein Helfer wird dann die Reihenfolge der Scheine mehrmals ändern. Dabei darf aber immer nur mit dem Geldschein direkt daneben getauscht werden.

Mache es am besten einmal vor. Liegen die zehn Euro ganz links außen, darf er nur eine Position weiter nach rechts getauscht werden. Ist der Schein dagegen an Position zwei oder drei, kann er sowohl mit dem Schein rechts als auch links von ihm vertauscht werden. Deine Zauberkünste werden dafür sorgen, dass du immer weißt, wo sich der Zehn-Euro-Schein befindet.

4. Wirf schnell einen Blick auf die Position des Zehners, dann dreh dich um.

5. Bitte deinen Helfer nun, die Position des Zehn-Euro-Scheins das erste Mal zu tauschen. Ist das geschehen, tauscht er ein weiteres Mal. Insgesamt fünfmal soll er dem Schein einen neuen Platz geben.

6. Sage dem Helfer nun, dass er einen bestimmten Schein wegnehmen soll. Weißt du noch, an welcher Stelle der Zehn-Euro-Schein lag, bevor du dich umgedreht hast? Gut! Denn das musst du wissen, damit du jetzt die Regel anwenden kannst.

Die Regel lautet: Lag der Schein auf einer ungeraden Position (an Stelle eins oder drei) muss dein Helfer den Schein links außen wegnehmen. Lagen die zehn Euro auf einer geraden Position (zwei oder vier), ist der Schein rechts außen zu entfernen. Die Positionen zählst du immer von links nach rechts.

ZAHLEN- UND RECHENTRICKS

7. Hat er den Schein nach deinen Anweisungen fortgenommen, darf er den Zehn-Euro-Schein noch einmal vertauschen – natürlich nur mit einem direkt danebenliegenden Schein.

★★★★★★★★★★★★★★★★★★★

8. Habt ihr bis hierhin alles richtig gemacht, liegt der Zehn-Euro-Schein jetzt in der Mitte.

9. Dein Freiwilliger ahnt nicht, dass du das längst weißt. Bitte ihn, die Banknote links außen wegzutun.

10. Auf dem Tisch liegen jetzt nur noch der Zehner und rechts davon noch ein Schein.

11. Mache es ruhig spannend und schauspielere ein bisschen. Du kannst zum Beispiel so tun, als wärest du dir nicht ganz sicher, wo dein Schein liegt. Hält dein Publikum es vor Aufregung kaum noch aus, erlöst du es. Weise deinen Assistenten an, die rechte Banknote zu entfernen. Übrig bleibt, wie versprochen, die Zehn-Euro-Banknote.

ILLUSIONSTRICKS

Für Zauberanfänger

Für den Trick benötigst du:
* eine Weintraube
* ein Wasserglas
* stark sprudelndes Mineralwasser
* deinen Zauberstab

Übe vorher unbedingt mehrmals mit verschiedenen Trauben, damit du ein Gespür dafür bekommst, wann die Traube hochkommt und wie schnell sie wieder absinkt.

Beschwörung einer Weintraube

Bei diesem Trick kommt es vor allem auf das richtige Timing an. Beschwörst du die Traube im richtigen Augenblick, sieht es so aus, als würde sie aufgrund des Zaubers steigen und sinken.

So gelingt dein Auftritt

1. Stelle ein Wasserglas und eine Flasche Mineralwasser bereit. Nimm gut sprudelndes Wasser, sonst funktioniert der Trick nicht. Deine Weintraube sollte nicht allzu groß sein und auch nicht ganz superfrisch. Am ehesten gelingt der Trick, wenn sie schon ein paar winzige Runzeln hat.

2. Zeige deinen Zuschauern das Glas. Fülle es mit Mineralwasser aus der Flasche. Nimm einen Schluck daraus, um zu zeigen, dass es sich wirklich um ganz normales Mineral-

98

ILLUSIONSTRICKS

wasser handelt. Halte die Traube in die Höhe und kündige den Zauber an.

⭐ **4.** Jetzt sollte die Beere nach oben steigen. Damit aber noch nicht genug. Die Traube sinkt von allein wieder zu Boden, sobald die Kohlensäurebläschen an die Wasseroberfläche gelangen. Damit deine Zuschauer glauben, dass du auch das Sinken zauberst, benutzt du noch einen Spruch: „Hinke Pinke daddeldu, Beere, sinke jetzt im Nu!"

⭐ **3.** Lege die Weintraube in das gefüllte Wasserglas. Sie sinkt zu Boden. Das Sprudelwasser bildet Bläschen an der Traube. Haben sich genügend Bläschen an der Traube angesammelt, steigt sie nach oben. Diesen Moment musst du abpassen. Kurz bevor es so weit ist, schwenkst du deinen Zauberstab und sprichst: „Simsala, Bimkala, Hopf, Beere, zeige deinen Kopf!"

⭐ **5.** Ist die Weintraube wieder am Boden angelangt, verbeugst du dich und nimmst den Beifall entgegen.

Illusionstricks

Für Zauberanfänger

Für den Trick benötigst du:
* ein paar Luftballons
* durchsichtiges Klebeband
* eine Stecknadel
* einen Freiwilligen

Halte die Nadel immer ganz fest in der Hand, wenn du in den Ballon stichst. Beim Platzen könnte sie sonst unkontrolliert durch die Gegend fliegen und jemanden verletzen. Weise auch die Zuschauer darauf hin, die in den Ballon pieksen.

Nadel und Luftballon

Du stichst mit einer Nadel in einen aufgeblasenen Luftballon, ohne dass er platzt. Deinen Zuschauern gelingt das nicht.

So bereitest du den Trick vor

Blase ein paar Luftballons auf. Einen davon beklebst du an der Seite mit einem kleinen Stück Tesafilm. Merke dir die Stelle, damit du sie während der Vorführung sofort wiederfindest.

So gelingt dein Auftritt

1. Zeige einen der normalen Ballons im Publikum herum. Er kann untersucht werden. Erzähle, dass es

Illusionstricks

dir gelingen wird, in den Ballon zu stechen, ohne dass er kaputtgeht.

3. Jetzt bist du an der Reihe. Nimm den von dir vorbereiteten Luftballon und stich die Nadel an der Stelle hinein, die du vorher abgeklebt hast. Der Ballon bleibt ganz.

2. Nimm die Nadel hoch und bitte einen Zuschauer, es selbst einmal zu versuchen. Natürlich zerplatzt der Ballon dabei mit einem lauten Knall. So ist das, wenn man nicht zaubern kann!

4. Damit die Zuschauer nun nicht auf die Idee kommen, den Ballon genauer untersuchen zu wollen, sagst du: „Zaubernase, Krötenball, geh kaputt mit einem Knall!" Stich dann an einer anderen Stelle hinein und lasse den Ballon platzen. Die Ballonreste steckst du ganz beiläufig in die Hosentasche.

101

ILLUSIONSTRICKS

Für Zauberanfänger

Für den Trick benötigst du:
* einen Kühlbehälter mit einem Eiswürfel
* einen Teller
* einen dicken Wollfaden
* ein Schälchen mit Salz
* einen Teelöffel

Eiswürfel am Band

Ohne Knoten hängt dein Eiswürfel an einem Wollfaden. Das gelingt nur mit dem richtigen Zauberpulver.

So gelingt dein Auftritt

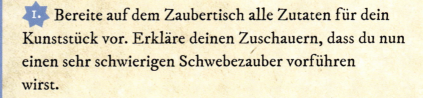

1. Bereite auf dem Zaubertisch alle Zutaten für dein Kunststück vor. Erkläre deinen Zuschauern, dass du nun einen sehr schwierigen Schwebezauber vorführen wirst.

2. Halte den Wollfaden hoch. Es ist ein ganz normales Stück Wolle. Dein Publikum kann sich gern selbst davon überzeugen und den Faden berühren.

Lasse dir nicht allzu viel Zeit bei diesem Trick. Bei Zimmertemperatur taut das Eis schnell wieder an und löst sich dann vom Wollfaden. Übe am besten vorher einige Male ohne Publikum.

ILLUSIONSTRICKS

wirst. Ohne Zauberpulver geht das natürlich nicht. Lege den Faden quer über das Eisstück. Streue etwa einen halben Teelöffel von dem Salz auf die Stelle, wo der Faden auf dem Würfel liegt.

5. Jetzt heißt es warten, denn zuerst muss das Salz das Eis ein wenig antauen. Gefriert es danach wieder, klebt der Faden fest. So lange musst du deine Zuschauer unterhalten. Erzähle ihnen zum Beispiel, wie du ebenjenes Stückchen Eis eigenhändig aus Alaska geholt hast.

6. Ist der Faden festgefroren, hebst du ihn hoch. Deine verblüfften Zuschauer sehen das Eis nun am Faden baumeln.

3. Nimm den Eiswürfel aus dem Kühlbehälter und lege ihn auf den Teller. Auch dies sind völlig normale Gegenstände.

4. Erkläre deinem Publikum, dass du nun den Faden mit dem Eiswürfel verbinden

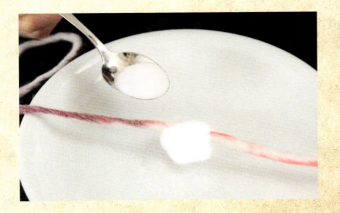

103

ILLUSIONSTRICKS

Für Zauberanfänger

Für den Trick benötigst du:
* Perlen zum Auffädeln in zwei verschiedenen Farben
* zwei Gläser
* transparentes Klebeband
* eine Schere
* zwei dünne Nylonfäden

Benutze möglichst leichte Perlen. Ein Strang aus Glasperlen ist zu schwer für Klebeband und könnte aus dem Glas fallen. Wie peinlich!

Perlen sortieren

Du schüttest zwei Gläser mit Perlen zusammen und vermischst sie. In einer einzigen Sekunde sortierst du sie wieder nach Farben.

So bereitest du den Trick vor

Besorge dir so viele Perlen, dass du die Gläser, die du in der Vorstellung benutzen willst, zu mindestens einem Drittel füllen kannst. Suche dir Perlen in zwei verschiedenen Farben aus (zum Beispiel Gelb und Rot), die ungefähr gleich groß sind. Dann fädelst du alle gelben Perlen, gleichmäßig auf beide Nylonfäden verteilt, auf. Zwischen den Perlen sollte noch ein bisschen Luft sein, damit sie sich gut mit den anderen Perlen vermischen lassen. Verknote die Enden der Fäden sorgfältig.

Illusionstricks

Die fertigen Perlenstränge klebst du mit dem transparenten Klebeband unten in eines der Gläser. Teste, ob der Klebestreifen mit den Perlen daran auch hält.

So gelingt dein Auftritt

1. Erkläre deinen Zuschauern, dass du ein Glas mit vermischten Perlen blitzschnell wieder nach Farben sortieren kannst.

2. Stelle die beiden Gläser auf deinen Zaubertisch. In einem Glas sind nur gelbe Perlen, im anderen nur rote.

3. Gieße die roten Perlen in das Glas mit den festgeklebten gelben und schüttle es ein bisschen, damit sich die Perlen gut vermischen.

4. Jetzt sagst du einen Zauberspruch und drehst dich dreimal um dich selbst. Bei der letzten Drehung, wenn du dem Publikum gerade den Rücken zukehrst, kippst du die roten Perlen wieder zurück in das leere Glas. Voilà, die Farben sind sortiert!

ILLUSIONSTRICKS

Für Zauberanfänger

Farbenzauber im Glas

Mit ein paar Tropfen deiner violetten Zauberflüssigkeit lässt du das Wasser in jedem Glas in unterschiedlichen Farben erstrahlen.

So bereitest du den Trick vor

Für den Trick benötigst du:
* einen Krug
* drei Wassergläser
* Leitungswasser
* eine Messerspitze Natron
* Essig
* Rotkohl

Schneide ein paar Blätter des Rotkohls in kleine Stücke. Lege sie in einen Topf und übergieße sie mit kochendem Wasser. Lasse dir dabei von einem Erwachsenen helfen! Schon nach kurzer Zeit wird das Wasser violett. Lasse den Sud über Nacht stehen und fülle die Flüssigkeit dann in eine undurchsichtige Kanne um.

Bereite auch die drei Wassergläser vor. Du füllst jedes ungefähr bis zur Hälfte mit Leitungswasser. In ein Glas kommt zusätzlich eine Messerspitze Natron, in das zweite ein Spritzer Essig. Das dritte Glas lässt du unverändert.

Teste vorher, wie viel Natron und Essig du brauchst, um eine schöne Farbe zu bekommen. Merke dir die Mengen.

Illusionstricks

So gelingt dein Auftritt

1. Stelle die Kanne mit der Rotkohlflüssigkeit und die drei Wassergläser so auf deinem Zaubertisch auf, dass die Zuschauer alles gut sehen können. Behaupte, dass die Flüssigkeit in der Kanne magische Fähigkeiten hat und Wasser verwandeln kann.

2. Gieße nun etwas Zauberwasser aus der Kanne in das Glas, das du unverändert gelassen hast. Wie zu erwarten war, verändert sich die Farbe nicht wesentlich. Die Zuschauer sehen eine violette Flüssigkeit aus der Kanne kommen und auch die Farbe im Glas hat diesen Farbton. So sollte es sein.

3. Gieße nun ein bisschen Zauberwasser in das zweite Glas mit dem Natron. Was ist das? Das Wasser im Glas verfärbt sich blaugrün.

4. Gießt du anschließend etwas Flüssigkeit in das Glas mit dem Essig, färbt sich das Wasser himbeerrot.

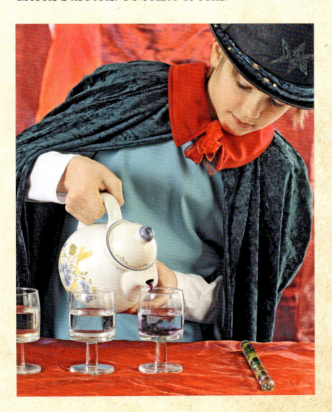

107

ILLUSIONSTRICKS

Für Zauberanfänger

Der Flaschengeist

Mit der richtigen Beschwörungsformel bringst du die Münze auf dem Flaschenhals in Bewegung.

So bereitest du den Trick vor

Lege die Flasche vor Beginn der Vorstellung einige Zeit in den Kühlschrank. Sie muss richtig gut durchgekühlt sein.

So gelingt dein Auftritt

1. Hole die Flasche erst unmittelbar vor deinem Auftritt aus dem Kühlschrank.

2. Feuchte den Flaschenrand mit ein wenig Spucke an und lege die Münze darauf. Erzähle währenddessen, dass die Flasche von einem Geist bewohnt wird. Da dieser sehr freiheitsliebend ist, mag er es nicht, wenn die Öffnung abgedeckt ist, und wehrt sich dagegen.

Für den Trick benötigst du:
* eine leere Flasche
* ein Geldstück

Die Flasche wirkt noch magischer, wenn du sie mit Glasmalfarben schön bemalst. Aufgeklebte Sterne und Glitzer sehen auch toll aus.

108

ILLUSIONSTRICKS

großer Flaschengeist, ich, der Meister, rufe dich, schwöre, guter Geist der Flasche, nun erwache, nun erwache, mach die Münze wackelig!"

4. Ein paar Augenblicke später wird sich die Münze zum Erstaunen deiner Gäste auf dem Flaschenhals bewegen.

3. Schließe deine Hände fest um den Flaschenhals, um die Luft im Inneren zu erwärmen. Das dauert eine Weile. Die Zeit überbrückst du mit einer etwas längeren Beschwörungsformel, damit deinen Zuschauern nicht langweilig wird: „Höre,

Der Trick funktioniert, weil sich die Luft in der Flasche durch deine warmen Hände ausdehnt. Dadurch wird die Münze angehoben und bewegt. Diese einfache physikalische Erklärung behältst du als Zauberer natürlich für dich.

109

ILLUSIONSTRICKS

Für Zauberanfänger

Das Loch in der Hand

Nur für Mutige! Wer ist furchtlos genug, sich von dir ein Loch in die Hand zaubern zu lassen?

So bereitest du den Trick vor

Besorge dir eine Papprolle. Bemale und beklebe sie, wie es dir gefällt. Zum Schluss noch etwas Glitzer darauf, und fertig ist die magische Rolle!

Für den Trick benötigst du:
* eine Papprolle
* Farbe und Glitzer zum Bemalen der Rolle
* einen Freiwilligen

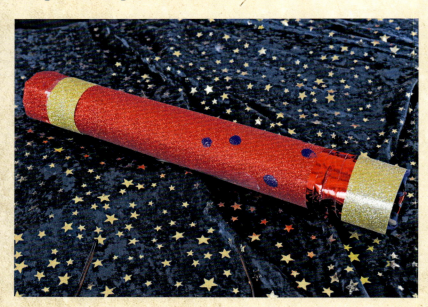

Dieser Trick ist gut für eine Einzelvorstellung geeignet. Denn nur die Person, die durch die Rolle schaut, kann das Loch sehen.

So gelingt dein Auftritt

1. Frage im Publikum nach einem mutigen Menschen. Erkläre, dass du dieser Person ein Loch in die Hand zaubern wirst. Keine Angst, Blut wird dabei natürlich nicht fließen!

ILLUSIONSTRICKS

2. Hat sich jemand bereit erklärt, darf es ruhig erst mal einen Applaus für den „Helden" geben. Dein Freiwilliger soll nun all deinen Anweisungen genau folgen.

3. Reiche ihm die magische Rolle in die rechte Hand und fordere ihn auf, mit dem rechten Auge hindurchzusehen. Das andere Auge deckt er mit der linken Hand ab.

4. Damit der Zauber gut gelingt, kannst du noch einen Zauberspruch sagen, zum Beispiel diesen: „Wag den Blick, mit viel Geschick, blinzelst du ein Loch herbei, doch es werden niemals zwei, mach dann schnell die Augen zu, heilt eins, zwei, drei die Hand im Nu."

5. Lasse dir mit dem Zauberspruch ruhig Zeit. Schließlich muss dein Freiwilliger eine Weile konzentriert durch die Röhre schauen, damit der Trick klappt. Ist genügend Zeit vergangen, soll er den linken Arm lang ausstrecken und mit dem linken Auge auf die Hand gucken. Mit dem rechten Auge blickt er weiter durch die Röhre. Und? Kaum zu glauben, in seiner Hand sieht er nun ein Loch.

Den Trick kannst du gut vorher allein ausprobieren. Stoppe mit einer Uhr die Zeit, damit du später ungefähr weißt, wie lange dein Freiwilliger durch die Rolle schauen muss.

III

ILLUSIONSTRICKS ....

> Für Zauberanfänger

Vier Schachteln

Mit einem einzigen Blick erkennst du, welche Streichholzschachtel in deiner Abwesenheit gedreht wurde.

So bereitest du den Trick vor

Beklebe die vier Schachteln auf der Oberseite mit buntem Papier. So sehen sie nicht nur schön aus, du kannst auch feststellen, ob sie gedreht wurden. Wie das? Klebe das

Für den Trick benötigst du:
* vier gleiche Streichholzschachteln
* Papier zum Bekleben
* Schere
* Klebstoff
* einen Freiwilligen

Beim Bekleben musst du sehr genau sein. Alle Schachteln müssen hinterher genau gleich aussehen.

ILLUSIONSTRICKS

Papier nicht bis an den Rand, sondern lasse oben und unten einen Streifen frei. Wichtig ist, dass das freie Stück auf einer Seite ein kleines bisschen breiter ist als auf der anderen. Jede Schachtel hat also einen schmalen und einen breiten Rand.

So gelingt dein Auftritt

1. Zeige deinem Publikum die Schachteln. Es soll sehen, dass sie alle gleich sind.

2. Lege die Schachteln auf den Tisch. Achte dabei darauf, dass alle breiten Streifen in eine Richtung zeigen, ohne dass jemand es merkt.

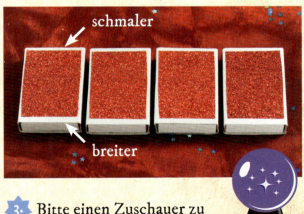

3. Bitte einen Zuschauer zu dir. Er soll gleich, wenn du nicht hinsiehst, eine Schachtel drehen.

4. Drehe dich nun weg von Schachteln und Publikum, sodass du nicht sehen kannst, welches Kästchen bewegt wird. Jetzt dreht der Freiwillige eine Streichholzschachtel um. Danach ruft er dich zurück an den Tisch.

5. Anhand des Streifens siehst du natürlich sofort, welche der vier Schachteln bewegt wurde.

113

ILLUSIONSTRICKS

Für Zauberanfänger

Die verliebte Büroklammer

Die beiden Büroklammern können nicht voneinander lassen. Wann immer du sie nebeneinander auf einen Geldschein steckst und an diesem ziehst, verketten sie sich miteinander.

So gelingt dein Auftritt

Für den Trick benötigst du:
* zwei Büroklammern
* einen Geldschein

Probiere verschiedene Büroklammern aus. Sie sollten nicht scharfkantig oder rostig sein, denn dann laufen sie nicht gleichmäßig über das Papier und können hängen bleiben. Übe den Trick vorher ein paarmal. So bekommst du ein Gefühl dafür, wie schnell du am Papier ziehen kannst und wie weit die Klammern dann ungefähr fliegen.

1. Nimm zwei gleich große Büroklammern aus Metall und einen Geldschein. Zeige alles deinen Zuschauern.

2. Halte den Schein quer und falte ihn in S-Form. Dazu klappst du das linke Drittel nach vorn um, ohne dass eine Kante dabei entsteht. Stecke die beiden Lagen an der oberen rechten Ecke mit der Büroklammer zusammen. Schiebe die Büroklammer so weit es geht auf den Schein. Ihre obere Kante sollte mit dem Rand des Geldscheins abschließen.

ILLUSIONSTRICKS

3. Biege nun die rechte Seite der Banknote nach hinten weg. Drehe den Schein um und befestige auch hier die Ecke oben rechts mit einer Büroklammer. Achte darauf, dass du nur die äußere mit der mittleren Lage verbindest. Die Klammer darf nicht alle drei Lagen zusammenhalten. Schiebe die Klammer auch hier bis zum Anschlag auf den Schein.

Büroklammern wandern langsam aufeinander zu. Berühren sie sich fast, ziehst du den Schein mit Schwung auseinander. Die Klammern fliegen von der Banknote ab und hoch in die Luft.

Damit die Klammern schwungvoll wegfliegen, musst du beherzt am Geldschein ziehen. Keine Angst, das Papier ist sehr stabil und reißt nicht so schnell.

4. Sind die Klammern in der richtigen Position, zeigst du den so gefalteten Schein herum. Nimm dann den Geldschein in beide Hände und ziehe an den Enden. Die

5. Wenn du sie wieder einsammelst, haben sie sich auf wundersame Weise miteinander verkettet. Präsentiere die Klammerkette deinem staunenden Publikum.

Illusionstricks

Für Zauberlehrlinge

Für den Trick benötigst du:
- einen Karton mit Eiern
- ein Tuch
- deinen Zauberstab
- durchsichtiges Klebeband

Wenn du die Eier aus dem Karton nimmst, muss das ganz beiläufig geschehen. Lenke die Zuschauer mit Reden ab, damit niemand auf die Position der Eier im Karton achtet.

Das stehende Ei

Nur einem wahren Zauberer wie dir gelingt das Kunststück, ein Ei so zu beschwören, dass es aufrecht steht. Es muss ja niemand erfahren, dass du das Ei vorher gründlich behandelt hast, sodass es gar nicht mehr umfallen kann.

So bereitest du den Trick vor

Zuerst musst du ein Ei ausblasen. Piekse dazu vorsichtig oben und unten ein Loch hinein. Durch die obere Öffnung pustest du den Inhalt des Eis in eine Schüssel. Daraus kannst du später Rührei machen.

Wasche die Eihülle aus. Fülle das Ei zu einem Drittel mit Sand. Verschließe die Öffnungen mit einem durchsichtigen Klebestreifen. Drücke den Klebestreifen gut an und streiche ihn glatt, sodass er so gut wie unsichtbar wird.

ILLUSIONSTRICKS

Setze anschließend das präparierte Ei zurück zu den anderen Eiern in die Schachtel. Merke dir genau, wo du das Ei hingesetzt hast, damit du es später sofort findest.

So gelingt dein Auftritt

1. Zeige den Zuschauern den Karton mit den Eiern. Nimm eines heraus und versuche, es hinzustellen. Es kippt um. Probiere es ein zweites Mal. Wieder steht es nicht. Zucke mit den Schultern und lege es zurück in die Schachtel.

2. Bedecke den Eierkarton mit dem Tuch. Nun brauchst du einen Zauberspruch.

Wie wäre es damit? „Ei, es kippt, Ei, es wippt. Damit ist es nun vorbei, Ei steht frei!"

3. Nimm dann das Tuch wieder weg und hole dein vorbereitetes Ei aus dem Karton. Stelle es auf den Tisch und genieße die verblüfften Gesichter deiner Zuschauer.

ILLUSIONSTRICKS

Für Zauberlehrlinge

Für den Trick benötigst du:
* ein Gummiband
* eine Schachtel mit Streichhölzern
* drei leere Streichholzschachteln
* buntes Papier
* Klebstoff
* Schere
* Glitzerpulver

Die Schachtel mit den Streichhölzern klappert am besten, wenn sie nur zur Hälfte mit Hölzchen gefüllt ist.

Die verschwundenen Zündhölzer

In einer Schachtel klappern Streichhölzer. Nur in welcher? Jedes Mal, wenn deine Zuschauer denken, sie wüssten, welche es ist, liegen sie falsch. Das ist doch wirklich zum Haareraufen!

So bereitest du den Trick vor

Beklebe die drei leeren Schachteln mit Papier. Die Schachteln sollten die gleiche Größe haben, und auch das Papier muss für alle drei gleich sein. Damit sie richtig schön magisch aussehen, streichst du die Oberfläche mit ein wenig Kleber ein und streust etwas Glitzerpulver oder Sternchen darauf.

Die Schachtel, in der sich die Streichhölzer befinden, kann so bleiben, wie sie ist. Sie ist nämlich für die Zuschauer nicht zu sehen. Befestige sie mit dem Gummiband etwas oberhalb deines linken

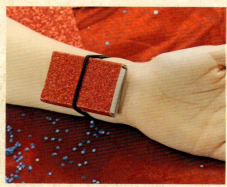

118

Illusionstricks

Handgelenks. Ziehe für die Aufführung einen weiten Zaubermantel oder einen bequemen Pullover an. Die Umrisse der Schachtel dürfen sich unter der Kleidung nicht abzeichnen. Teste, wie schnell du den Arm mit der Schachtel bewegen kannst, ohne dass Geräusche zu hören sind.

So gelingt dein Auftritt

1. Stelle die drei leeren Schachteln vor dir auf den Zaubertisch. Die volle Schachtel hast du schon vor deinem Auftritt unter der Kleidung an deinem linken Unterarm befestigt. Erkläre den Zuschauern, dass von diesen drei Schachteln eine einzige Streichhölzer enthält. Die anderen beiden sind leer.

2. Beweise es dem Publikum: Hebe mit der rechten Hand erst die Schachtel rechts außen und dann die in der Mitte an. In beiden Fällen ist kein Geräusch zu hören. Sage: „Ich kann hier nichts hören. Diese Schachteln sind leer."

3. Dann hebst du mit der linken Hand die Schachtel links außen hoch. Durch die Armbewegung bewegen sich die Hölzchen in der verborgenen Schachtel und klappern. „Ah, hier klappert es. In dieser Schachtel befinden sich Streichhölzer."

119

Illusionstricks

4. Kündige an, dass du nun die Schachteln vertauschen wirst. Fordere die Zuschauer auf, ganz genau hinzusehen, damit sie hinterher sagen können, wo die volle Schachtel liegt. Bewege nun die Schachteln auf der Tischplatte. Vertausche die Plätze der einzelnen Streichholzschachteln miteinander. Bewege sie zuerst schnell.

5. Halte dann an und frage: „Wer kann mir sagen, wo die Schachtel mit den Hölzchen ist?" Hebe die Schachtel an, die dir genannt wurde. Das machst du natürlich mit der rechten Hand. Schüttle sie kurz, setze ein enttäuschtes Gesicht auf und stelle dann fest, dass diese Schachtel leer ist. Zum Beweis nimmst du eine andere Schachtel, diesmal mit links und lässt sie klappern. „Hier ist die volle Schachtel. Das war wohl noch etwas schwierig für euch. Ich zeige es euch noch einmal – diesmal etwas langsamer."

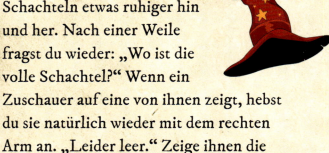

6. Jetzt schiebst du die Schachteln etwas ruhiger hin und her. Nach einer Weile fragst du wieder: „Wo ist die volle Schachtel?" Wenn ein Zuschauer auf eine von ihnen zeigt, hebst du sie natürlich wieder mit dem rechten Arm an. „Leider leer." Zeige ihnen die „richtige" Schachtel mit links.

Wenn du willst, kannst du die Schachteln noch langsamer vertauschen. Die „volle" Schachtel wird aber keiner jemals finden.

Illusionstricks

Alles Banane

In einem verschlossenen Behälter liegt eine Frucht. Aber was für eine? Dir als gutem Magier gelingt es, die vom Publikum gewünschte Frucht herbeizuzaubern.

So gelingt dein Auftritt

1. Nimm eine Banane und verschließe sie in dem Behälter. Das machst du vor der Vorstellung, damit die Zuschauer nicht sehen können, um welche Frucht es sich handelt. Zeige die Dose herum und verkünde: „Hier drin befindet sich eine Frucht. Welche es ist, bestimmt ihr selbst, indem ihr mir Früchtenamen nennt." Die verschlossene Dose stellst du gut sichtbar für alle auf deinen Tisch.

Für Zauberlehrlinge

Für den Trick benötigst du:
* eine Banane oder eine andere Frucht
* eine verschließbare undurchsichtige Dose
* einen Notizklotz
* einen Stift
* einen kleinen Beutel für die Zettel
* einen Freiwilligen

Lege unbedingt eine Frucht in die Dose, die jeder kennt. Ihr Name muss im Publikum genannt werden, damit der Trick funktioniert.

121

ILLUSIONSTRICKS

2. Erkläre weiter: „Nennt mir so viele Früchte, wie euch einfallen. Ich werde die Namen auf einen Zettel schreiben und sammeln. Alle Zettel kommen hier in den Beutel." Zeige den Beutel herum. Die Zuschauer können ihn untersuchen und sogar umdrehen, wenn sie wollen. Er ist leer.

3. Nimm einen Zettel und bitte um den ersten Früchtenamen. Nennt ein Zuschauer den Apfel, schreibst du auf deinen Zettel „Banane". Wünscht sich ein anderer Weintrauben, notierst du wieder „Banane". Ganz gleich, welche Obstsorte dir zugerufen wird, du schreibst auf jeden Zettel immer nur „Banane".

Das darf natürlich niemand sehen, deshalb musst du darauf achten, dass deine Gäste nicht zu dicht am Zaubertisch sitzen. Unterhalte dich, während du schreibst, mit deinem Publikum. Stelle Fragen und lenke sie damit von deinem Schreiben ab.

122

ILLUSIONSTRICKS

4. Frage auf jeden Fall so lange nach weiteren Sorten, bis auch wirklich einer die Frucht in der Dose genannt hat.

★★★★★★★★★★★★★★★★★★★★

5. Jeden beschriebenen Zettel steckst du zusammengefaltet in den Beutel. Hast du reichlich davon, bittest du einen Helfer zu dir und reichst ihm den Beutel. Er soll ihn einmal schütteln, damit sich die Zettel gut vermischen. Dann soll er einen davon ziehen.

6. Willst du die Spannung noch steigern, fasst du das Geschehen noch einmal zusammen: „Auf diesen Zetteln stehen alle Früchte, die ihr mir genannt habt. In der Dose befindet sich ebenfalls ein Stück Obst. Jetzt bin ich mal gespannt, welche Sorte du ziehst." Jetzt darf dein Helfer den Zettel auseinanderfalten und vorlesen: „Banane."

7. Nimm die Dose in die Hand und frage das Publikum: „Stand die Dose die ganze Zeit hier und war verschlossen? Hatte ich Gelegenheit, sie auszutauschen?" Es wird bestätigen, dass du sie nicht angerührt hast. Das ist dein Stichwort. Öffne den Behälter und zeige deinem verblüfften Publikum die Banane.

123

ILLUSIONSTRICKS

Für Zauberprofis

Die Zauberkiste

Du zeigst den Zuschauern zwei leere Kisten. Stellst du sie ineinander, kannst du aus ihnen ein Stofftier zaubern.

So bereitest du den Trick vor

Für den Trick benötigst du:
* drei Kartons, die gut ineinanderpassen
* schwarze, grüne und rote Farbe
* einen breiten Pinsel
* eine Schere
* einen Cutter
* Klebstoff
* ein zerknülltes Papier
* deinen Zauberstab
* ein Stofftier

Für diesen Trick musst du ein bisschen mehr basteln als sonst. Der Lohn dafür ist eine magische Zauberkiste, in der du Dinge verschwinden lassen und wieder hervorzaubern kannst. Besorge dir drei unterschiedlich große Kartons, die gut ineinanderpassen. Die beiden größten sollten ungefähr gleich hoch sein, die dritte etwas kleiner. Schneide vom größten Karton den Deckel und den Boden ab.

Bei dieser Vorführung müssen deine Zuschauer auf jeden Fall sitzen. Sonst können sie von oben in die Kiste sehen und entdecken dein Geheimnis.

Damit hast du eine Art Kasten. Streiche die Außenseite mit grüner Farbe an. Ist sie getrocknet, malst du mit dem breiten Pinsel auf einer der Karton-Längsseiten ein Rautenmuster in schwarzer Farbe.

124

ILLUSIONSTRICKS

Das entsteht automatisch, wenn du die Striche einmal von links oben nach rechts unten ziehst und dann noch einmal in Gegenrichtung von rechts oben nach links unten. Mache die Striche ungefähr zwei Zentimeter breit und lasse zwischen ihnen mindestens genauso viel Abstand. Zum Schluss streichst du den Karton innen ganz schwarz.

So gelingt dein Auftritt

1. Stelle alle drei Kisten ineinander auf deinen Zaubertisch. Im kleinsten davon befindet sich dein Gegenstand, zum Beispiel ein Stoffkaninchen oder eine Stoffkatze. Die Zuschauer sehen dort allerdings nur eine Kiste, nämlich die mit dem Rautenmuster.

Auch vom zweiten, kleineren Karton entfernst du den Deckel und den Boden. Dann streichst du ihn innen und außen rot. Zum Schluss ist der kleinste Karton dran. Hier schneidest du nur den Deckel ab und malst ihn innen und außen schwarz an. Er ist der einzige Karton mit einem Boden.

2. Hebe die äußere Kiste hoch. Darunter erscheint noch eine Kiste. Die ist etwas kleiner als die erste und rot. Zeige den Zuschauern die äußere Kiste etwas genauer. Lasse einen

125

ILLUSIONSTRICKS

3. Ziehe nun die rote Kiste heraus. Auch sie zeigst du den Zuschauern. Stecke ein zerknülltes Papier hindurch. Aha, eine Kiste ohne Boden, werden deine Zuschauer denken.

4. Stelle sie wieder zurück in die große Kiste. Zücke deinen Zauberstab und sage den magischen Spruch: „Abrakadabra, Simsalabim, Katze in der Kiste drin!" Dann greifst du sofort in den Karton und ziehst zum Erstaunen deiner Zuschauer die Stoffkatze aus der Kiste.

Zuschauer hindurchgreifen, um zu zeigen, dass sie keinen Boden hat, oder stülpe sie über eine Stehlampe oder eine Stuhllehne. Setze sie danach wieder über der roten Kiste ab.

ILLUSIONSTRICKS

Der magische Wasserbecher

Ein Zauberprofi wie du kann einen vollen Wasserbecher leer zaubern, zerstören und an anderer Stelle wieder auftauchen lassen.

So bereitest du den Trick vor

Für Zauberprofis

Für den Trick benötigst du:
- zwei Pappbecher
- einen Hut
- eine Schere
- eine Papiertüte
- einen Krug mit Wasser
- einen Zauberstab

Nimm zwei Pappbecher und schneide ihren oberen Rand ab. Bei einem von ihnen entfernst du zusätzlich den Boden. Pieke dazu mit der Schere in der Mitte in den Becherboden und schneide von dort vorsichtig am Rand entlang.

Teste, ob du den Becher ohne Boden so in den anderen Becher stellen kannst, dass der Rand vom inneren Becher nicht zu sehen ist. Schaut doch noch ein kleines Stück heraus, schneidest du vom Rand des inneren Bechers noch ein bisschen mehr ab.

Der innere Becher ist vom Wasser nass. Damit sich die Zuschauer darüber nicht wundern, behauptest du einfach, du hättest beim Einschenken ein bisschen gekleckert oder es wäre etwas übergeschwappt, als du ihn in den Hut gestellt hast.

127

Illusionstricks

So gelingt dein Auftritt

1. Stelle die beiden ineinandergesteckten Becher, den Hut und den Krug mit Wasser auf deinen Zaubertisch. Die Tüte legst du in Reichweite.

2. Erkläre deinen Zuschauern, dass du gleich Wasser von einem Ort zum anderen zaubern wirst. Zeige ihnen dazu kurz den Becher und fülle ihn dann mit dem Wasser aus dem Krug. Achte darauf, dass der Becher nicht zu voll ist.

3. Stelle den Becher vorsichtig in den Hut. Nimm deinen Zauberstab, wedle ein bisschen damit über dem Hut herum und murmle einen Zauberspruch.

4. Dann greifst du in den Hut und ziehst vorsichtig den inneren Becher heraus.

Halte den inneren Becher beim Herausziehen ein wenig schräg, denn dein Publikum darf auf keinen Fall sehen, dass er gar keinen Boden hat.

5. Stecke den Becher dann langsam in die Papiertüte. Tue so, als wäre in dem Becher Wasser und als müsstest du ganz vorsichtig sein.

128

ILLUSIONSTRICKS

7. Kündige deinen Zuschauern dann an, dass der Trick noch weitergeht. „Nun soll das Wasser wieder her, ich habe Durst."

8. Nimm deinen Zauberstab und schwenke ihn über dem Hut. Sprich: „Nasses Wasser, klares Wasser, kleiner Becher, bist ein Frecher, komm zurück in einem Stück!" Greife dann in den Hut und ziehe zum Erstaunen deines Publikums den Becher hervor.

6. Hebe die Tüte behutsam mit beiden Händen an. Puste dreimal hinein und knülle sie dann plötzlich mit dem Becher darin zusammen. Das ist ein Schreck für dein Publikum! Immerhin haben sie mit Wasser in der Tüte gerechnet.

9. Zeige ihn kurz und nimm dann einen Schluck. „Aah, das tut gut!"

129

ILLUSIONSTRICKS

Der Schrei

> Fange mit deinem Zauberpartner einen Schrei und sperre ihn in einen Karton. Wenn du ihn wieder herauslassen willst, ist er auf magische Weise verschwunden. Tröste dein Publikum mit den Bonbons, die sich jetzt anstelle des Schreis im Karton befinden.

So bereitest du den Trick vor

Für diesen Trick musst du zuerst eine Weile basteln. Du brauchst zwei Kartons, die absolut gleich sind. Nimm welche, die mindestens so groß wie ein Schuhkarton sind.

Für Zauberprofis

Für den Trick benötigst du:
* zwei identische Kartons
* Farbe
* einen Pinsel
* eine Schere
* breites Klebeband
* zwei Hände voll Bonbons
* Konfetti
* ein großes Tuch
* einen Tisch
* einen Zauberpartner
* einen weiteren Helfer

Mit etwas Übung funktioniert der Trick auch ohne Helfer unter dem Tisch. Dann tauscht dein Partner die Kartons selbst aus.

ILLUSIONSTRICKS

Bemale die Kartons mit der gleichen Farbe. In einen der beiden Kartons füllst du die Bonbons und das Konfetti. Dann klebst du ihn zu. Nimm dazu das breite Klebeband. Schließe den Karton damit, indem du einen Streifen genau in der Mitte von rechts nach links und einen mittig von oben nach unten klebst. Direkt an den Kanten schneidest du das Band ab. Der Karton hat nun ein Klebekreuz.

In der Vorstellung musst du den zweiten Karton später genauso verschließen. Merke dir deshalb gut, welcher Streifen zuerst geklebt wird und damit unter dem anderen liegt. Dein Zaubertisch sollte so groß sein, dass ein Kind darunter sitzen kann. Decke den Tisch bis zum Boden mit dem großen Tuch ab.

So gelingt dein Auftritt

1. Stelle dem Publikum deinen Zauberpartner vor. Kündige an, dass ihr gleich einen Schrei fangen und verzaubern werdet. Hebe den leeren Karton hoch und sage: „Damit wird es gelingen." Zeige, dass der Karton leer ist.

2. Fordere nun das Publikum auf, zu schreien. Möglichst laut, denn ihr wollt schließlich einen großen Schrei einfangen.

3. Während die Zuschauer schreien, lauft ihr mit eurem Karton hin und her, um den Schrei zu fangen. Schreie lassen sich aber nicht so einfach schnappen, deshalb gelingt es euch erst beim dritten Anlauf. Schnell klappt ihr den Karton zu. Einer von euch hält den Deckel zu, der andere verschließt ihn mit dem Klebeband.

131

Illusionstricks

Denke daran: Das Kreuz muss genauso aussehen, wie beim ersten Karton.

5. Dein Partner stellt den Karton nach dem zweiten Mal Fallen wieder auf den Tisch. Jetzt bleibt er dort stehen. Sprecht eine Zauberformel, öffnet ihn und werft Bonbons und Konfetti in den Zuschauerraum.

4. Stellt den Karton auf den Tisch. Der Schrei soll jetzt den Zuschauern vorgeführt werden. Dabei stellt sich dein Partner aber sehr ungeschickt an. Zweimal schubst er den Karton aus Versehen vom Tisch herunter. Schimpfe ihn dafür aus. Was die Zuschauer nicht sehen: Unter dem Tisch sitzt noch ein Freund. Er hat den vorbereiteten Karton bei sich. Wenn nun der Karton mit dem Schrei herunterfällt, tauscht er ihn unter dem Tisch blitzschnell gegen den Bonbonkarton aus.

Für diesen Trick musst du besonders die Zusammenarbeit mit deinem Partner üben. In welche Richtung wollt ihr mit dem Karton laufen, wie soll der Karton vom Tisch gestoßen werden, wer redet wann?

132

ILLUSIONSTRICKS

Sätze erraten

Deine Zuschauer schreiben Sätze auf einen Zettel. Du kannst sie ganz einfach hellsehen, indem du dir die Zettel an die Stirn hältst.

So bereitest du den Trick vor

Bitte einen Freund, dein geheimer Helfer zu sein, und weihe ihn in den Trick ein. Verabredet den Satz, den er in der Vorführung auf einen Zettel schreiben soll.

So gelingt dein Auftritt

1. Erzähle deinem Publikum, dass du starke hellseherische Fähigkeiten hast und sogar vollständige Sätze richtig vorhersagen kannst.

2. Verteile die Zettel und die Stifte an vier Zuschauer. Einer von ihnen ist dein geheimer Helfer. Bitte sie, einen ganzen Satz darauf zu schreiben.

Für Zauberprofis

Für den Trick benötigst du:
* vier Zettel
* vier Stifte
* einen Hut
* einen geheimen Helfer

Es ist nicht so einfach, einen Satz zu lesen und dann einen ganz anderen zu sprechen. Übe deshalb die Abläufe für dieses Kunststück, bis du sie fast im Schlaf beherrschst. So kannst du dich während der Vorstellung voll und ganz auf die Sätze konzentrieren.

133

Illusionstricks

3. Den Zettel sollen sie anschließend zweimal zusammenfalten. Dein heimlicher Helfer faltet aber zusätzlich eine kleine Ecke um, sodass du sein Papier unter allen anderen herausfinden kannst.

4. Sind alle mit Schreiben fertig, nimmst du den Hut und sammelst die gefalteten Zettel damit ein. Kippe den Hut auf deinem Zaubertisch aus. Nimm den ersten Zettel in die Hand. Das darf nicht der von deinem Freund sein, denn der kommt erst ganz zum Schluss an die Reihe.

5. Mache es spannend und bitte um Ruhe. Halte dir den gefalteten Zettel an die Stirn. Schließe die Augen und überlege einen Moment. Dann sagst du den Satz, den du mit deinem Freund verabredet hast. Habt ihr euch zum Beispiel auf „Du zauberst super!" geeinigt, sagst du diesen Satz jetzt laut.

6. Schaue ins Publikum und frage: „Hat jemand diesen Satz geschrieben?" Dein Freund wird das natürlich sofort bestätigen. Nimm den Zettel von der Stirn, falte ihn auf und lies still, was darauf steht. Nicke wie zur Bestätigung mit dem Kopf und tue so, als würdest du vorlesen, was auf dem Zettel steht. Du sagst stattdessen aber wieder nur: „Du zauberst super!"

ILLUSIONSTRICKS

7. Greife nach dem nächsten Zettel, halte ihn dir ebenfalls an die Stirn, lasse ein bisschen Zeit verstreichen und nenne dann den Satz, den du auf dem ersten Zettel eben gelesen hast: „Meine Katze heißt Minka." Wieder fragst du im Publikum nach der Bestätigung, faltest das Papier dann auf, liest, was darauf steht, nickst und legst es neben den Hut.

Auf dem Zettel steht aber ein ganz anderer Satz, den du dir unbedingt merken musst, zum Beispiel: „Meine Katze heißt Minka." Lege den Zettel dann neben den Hut.

8. Das machst du auch beim dritten und vierten Mal so. Immer nennst du den Satz von dem Zettel davor. Als letzten Zettel nimmst du den von deinem Helfer, dessen Satz du ja schon zu Beginn genannt hast. Lege auch ihn neben den Hut, nachdem du den Satz von Zettel Nummer drei verkündet hast.

9. Wirf nun alle Zettel zurück in den Hut und reiche ihn in das Publikum. Damit überzeugst du auch die letzten Zweifler, denn im Hut sind vier Zettel, auf denen genau die Sätze stehen, die du gesagt hast.

135

MEIN ZAUBERKOSTÜM UND DAS ZAUBERZUBEHÖR

Für den Zauberhut benötigst du:
* Tonkarton in deiner Lieblingsfarbe oder klassisch in Schwarz
* einen Bleistift oder einen anderen hell schreibenden Stift
* einen 40 Zentimeter langen Wollfaden
* ein Lineal
* eine Schere
* Klebstoff
* Krepp-Papier in drei verschiedenen Farben
* Gummiband
* einen Locher

Mein Zauberkostüm

Sicher hast du schon einmal einen Zauberer gesehen. Dabei ist dir bestimmt auch aufgefallen, dass so ein Zauberer selten in Jeans und Turnschuhen auftritt. Stattdessen hat er ein Kostüm an, an dem du ihn sofort als Zauberer erkennen kannst. Meistens besteht das Kostüm aus einer dunklen Hose, ebenfalls dunklen Schuhen und einem hellen Hemd. Das allein ist aber natürlich noch keine Verkleidung. Deshalb kommen noch ein Umhang, ein Zauberhut und natürlich der Zauberstab hinzu. Fertig ist das coole Magier-Outfit!

Der Zauberhut

Eine typische Kopfbedeckung für einen Zauberer ist der Spitzhut. Er lässt sich wunderbar verzieren und ist auch schnell gebastelt.

So wird es gemacht

1. Einen schönen spitzen Zauberhut bekommst du, wenn du einen Viertelkreis zusammenfaltest. Dazu legst du den Tonkarton quer vor dich hin. Miss von der unteren linken Kante mit einem Lineal 35 Zentimeter in der Breite ab.

Mein Zauberkostüm und das Zauberzubehör

2. Binde den Bleistift nun an einem Ende des Wollfadens an. Setze die Bleistiftspitze auf den eben markierten Punkt auf der linken Kartonseite. Ziehe den Faden zur linken unteren Kartonecke hin stramm und halte ihn dort gut fest. Der Bleistift am Band funktioniert wie ein Zirkel. Ziehe ihn von der markierten Stelle am unteren Rand nach links oben. Schon hast du einen Viertelkreis.

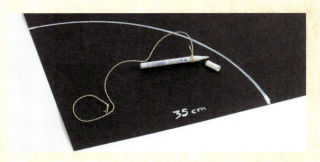

3. Schneide die Form aus und drehe sie zu einer Tüte zusammen. Setze sie dir probeweise auf den Kopf und teste, wie weit du sie zusammenschieben musst, damit sie gut passt. Markiere die Stelle mit dem Stift.

4. Ausgehend von dieser Markierung klebst du den Karton nun zu einem spitzen Hut zusammen. Es macht übrigens nichts, wenn dabei oben ein kleines Loch offen bleibt.

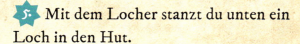

5. Mit dem Locher stanzt du unten ein Loch in den Hut.

6. Auf der gegenüberliegenden Seite kommt noch eines hin. Ziehe das Gummiband durch die Löcher und verknote es so, dass der Hut sicher auf deinem Kopf sitzt.

137

Mein Zauberkostüm und das Zauberzubehör

7. Für die Deko schneidest du von jeder Rolle Krepp-Papier einen zwei Zentimeter breiten Streifen ab. Rollst du ihn auf, erhältst du einen langen dünnen Streifen. Miss etwa einen Meter davon ab, den Rest legst du beiseite. Nimm von jeder Farbe einen Streifen und klebe sie an einem Ende aufeinander fest. Flechte die Streifen zu einem Zopf. Die letzten Zipfel klebst du ebenfalls zusammen.

8. Lege den Zopf wie eine Borte um den unteren Hutrand und klebe ihn dort fest.

9. Nimm die drei Streifenreste. Sie sollten ungefähr 50 Zentimeter lang sein. Sind sie das nicht, schneidest du von jeder Rolle einen weiteren Streifen ab und misst dann die richtige Länge aus. Verdrehe die Enden miteinander und fädle sie von außen nach innen durch die Hutspitze. Klebe sie innen fest. Fertig sind die Hutbänder!

Das sieht auch schick aus: Drehe aus kleinen Stücken Krepp-Papier Kügelchen und klebe sie auf den Hut.

138

Mein Zauberkostüm und das Zauberzubehör

Der Zauberzylinder

Viele Zauberer tragen einen Zylinder. Diese schwarzen Hüte sehen nämlich nicht nur edel aus, manchmal werden sie auch gebraucht, um ein Kaninchen darin zu verstecken. Das sind dann allerdings schon ganz spezielle Zylinder mit einem eingebauten Geheimfach. So kompliziert muss es für den Anfang gar nicht sein. Ein einfacher Zylinder ohne doppelten Boden ist im Handumdrehen gebastelt.

So wird es gemacht

1. Zeichne auf dem Tonpapier ein Rechteck mit den Maßen 50 mal 20 Zentimeter auf. Nimm dazu den hellen Stift oder die weiße Schneiderkreide. Schneide das Rechteck mit der Schere aus. Etwas sauberer wird der Schnitt mit einem Cuttermesser. Das ist aber sehr scharf, deshalb musst du besonders vorsichtig damit sein!

2. Miss oben und unten an den beiden langen Seiten einen Streifen von jeweils 1,5 Zentimeter Breite aus und zeichne ihn mit einer gestrichelten Linie ein.

> Für den Zylinder benötigst du:
> * einen Bogen schwarzes Tonpapier
> * einen hellen Stift oder ein Stück weiße Schneiderkreide
> * ein Lineal oder einen Zollstock
> * eine Schere
> * Klebstoff
> * einen Zirkel

139

Mein Zauberkostüm und das Zauberzubehör

3. Auf dem schmalen Rand schneidest du den Karton im Abstand von 1,5 Zentimetern bis zur eingezeichneten Randlinie ein. Das letzte Randstück oben und unten schneidest du ganz ab.

4. Nimm die rechte und linke Seite deines Kartons und führe sie zu einem Zylinder zusammen. Teste, ob er gut auf dem Kopf sitzt, und klebe ihn dann zusammen.

5. Jetzt faltest du eine Seite der Randkästchen so um, dass sie in den Zylinder zeigen, und die anderen so, dass sie nach außen zeigen.

6. Miss mit einem Lineal oder Zollstock den Durchmesser deines Zylinders aus.

7. Zeichne auf dem übrigen schwarzen Tonkarton einen Kreis mit dem gemessenen Durchmesser und einen weiteren, der ungefähr vier Zentimeter größer ist, außen um den ersten herum. Schneide beide Kreise sorgfältig aus.

8. Der große Kreis bildet die Krempe deines Huts. Stülpe ihn über den Zylinder auf die nach außen geklappten Kästchen. Klebe ihn daran fest.

9. Der kleine Kreis wird zum Hutdeckel. Streiche die nach innen gefalteten Streifen mit Klebstoff ein und drücke ihn darauf fest. Fertig!

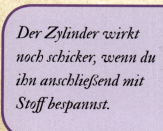

Der Zylinder wirkt noch schicker, wenn du ihn anschließend mit Stoff bespannst.

Mein Zauberkostüm und das Zauberzubehör

Der Zauberumhang

Was wäre ein Zauberer ohne Umhang? Nichts weiter als ein Mensch mit einem Stöckchen in der Hand. Manchmal ist der Umhang sogar wichtig, damit der Trick gelingt, zum Beispiel, wenn du darin etwas versteckst. Ein Zauberumhang ist fix genäht. Mama oder Papa helfen dir sicher gern dabei.

So wird es gemacht

Für den Zauberumhang benötigst du:
- Stoff (etwa 120 bis 140 Zentimeter breit, die Länge hängt von deiner Größe ab)
- eine Nähmaschine oder Nadel und Faden
- Nähgarn in der Farbe des Stoffes
- eine Schere
- Stecknadeln
- eine Sicherheitsnadel
- eine Kordel oder ein Schleifenband
- ein Metermaß
- Schneiderkreide
- Zum Verzieren: Stoffmalstifte

1. Hast du einen schönen Stoff eingekauft, musst du ihn zu Hause noch zuschneiden. Dazu misst du zuerst dich selbst aus, von der Schulter ungefähr bis zum Knie. Lasse dir dabei helfen, das ist auf jeden Fall einfacher.

2. Übertrage die gemessene Länge mit der Schneiderkreide auf den Stoff und schneide ihn dort ab.

Mein Zauberkostüm und das Zauberzubehör

3. Nähe nun alle Säume um, damit der Stoff später keine Fäden zieht. Schlage dazu die Säume etwa einen Zentimeter nach innen um und stecke sie mit Stecknadeln fest, damit beim Nähen nichts verrutscht. Du kannst die Säume auch mit einer Zick-Zack-Schere abschneiden, dann brauchst du nichts umzunähen.

4. Die obere Kante schlägst du anschließend ungefähr drei Zentimeter nach innen um und steckst sie mit Stecknadeln fest. Vernähe sie an ihrem äußeren Ende so, dass ein Tunnel entsteht.

5. Steche die Sicherheitsnadel in die Kordel oder das Schleifenband und fädle beides zusammen durch den Tunnel. Bist du auf der anderen Seite angekommen, entfernst du die Nadel und sicherst das Band auf beiden Seiten mit einem Knoten gegen das Durchrutschen.

6. Jetzt kannst du den Umhang gestalten. Mit Textilfarbe lassen sich schöne Muster auf den Stoff malen.

7. Schon ist der Umhang fertig! Hänge ihn dir um die Schultern, ziehe das Band locker fest und schließe es mit einem Knoten oder einer Schleife.

Glänzende Stoffe wirken besonders edel. Achte zusätzlich darauf, dass der Stoff leicht und glatt ist. Dann fällt dein Umhang schöner und schwingt auch leichter.

MEIN ZAUBERKOSTÜM UND DAS ZAUBERZUBEHÖR

Meine Zauberrequisiten

Mit einem Zauberkostüm allein ist es aber noch lange nicht getan. Als richtiger Zauberer benötigst du auch noch bestimmte Gegenstände, die dir das Zaubern erst ermöglichen.

Der Zauberstab

Zaubern ohne Zauberstab geht nicht. Ob er lang oder kurz, gewunden oder ganz gerade ist, spielt dabei keine große Rolle. Hauptsache, er liegt gut in der Hand und gehorcht deinen Befehlen. Bevor es so weit ist, musst du ein wenig basteln.

So wird es gemacht

1. Schmirgle das Holz mit dem Schleifpapier leicht an. Glätte damit auch die Sägekanten. Miss mit dem Lineal von jedem Ende fünf Zentimeter ab und zeichne dort einen Strich an. Klebe den Stab an diesen Stellen mit dem Malerkrepp ab.

Für den Zauberstab benötigst du:
* ein Rundholz (etwa 1 Zentimeter Durchmesser, etwa 30 Zentimeter lang)
* einen Stift
* ein Lineal
* Schmirgelpapier
* schwarze und weiße Plakatfarbe
* einen Pinsel
* Malerkrepp
* Klarlack

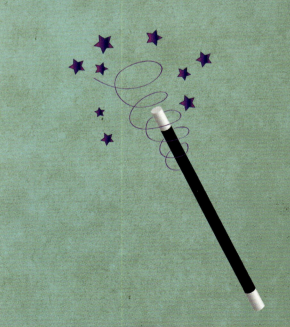

143

Mein Zauberkostüm und das Zauberzubehör

2. Male mit der schwarzen Farbe das Rundholz zwischen den beiden Krepp-Markierungen an. Wenn die Farbe getrocknet ist, kannst du die Klebestreifen wieder abziehen.

3. Als Nächstes sollen die beiden Enden weiß bemalt werden. Damit du nicht aus Versehen in den schwarzen Teil malst, klebst du beide Seiten ab. Wickle den Klebestreifen auf die fertige Bemalung direkt an der Grenze zum bislang unbemalten Holz.

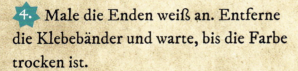

4. Male die Enden weiß an. Entferne die Klebebänder und warte, bis die Farbe trocken ist.

5. Damit der Stab schön glänzt, streichst du ihn zusätzlich mit Klarlack ein. Jetzt muss er nur noch trocknen, dann kannst du die ersten Zaubersprüche ausprobieren. Eine bunte Auswahl verschiedener Zaubersprüche findest du auf Seite 159.

Ein Zauberstab lässt sich auch ganz einfach aus einer Pappröhre basteln. Umwickle sie dazu mit schönem Papier und verschließe die Enden.

144

MEIN ZAUBERKOSTÜM UND DAS ZAUBERZUBEHÖR

Das Zauberseil

Für viele Tricks brauchst du ein Seil. In den meisten Haushalten findet sich auch ein Stück Schnur oder Seil. Du wirst aber schnell feststellen, dass nicht alle Schnüre zum Zaubern geeignet sind. Dein perfektes Zauberseil kannst du dir ganz einfach selbst drehen.

So wird es gemacht

1. Besorge dir ein kleines Knäuel Wolle. Überlege dir, wie lang dein Zauberseil werden soll. Diese Länge nimmst du dann mal acht. Soll dein Seil zum Beispiel 1,5 Meter lang werden, brauchst du insgesamt zwölf Meter Wolle (1,5 Meter x 8 = 12 Meter).

2. Wickle die Wolle ab und miss dabei die gewünschte Länge mit dem Metermaß aus. Schneide den Faden ab.

Für das Seil benötigst du:
* ein Knäuel Wolle
* ein Metermaß
* eine Schere
* einen Helfer

Welche Farbe dein Zauberseil hat, ist egal, wenn du es nur zum Üben benutzt. In der Vorstellung selbst solltest du ein Seil benutzen, das helle, leuchtende Farben hat. So ist es für die Zuschauer leichter zu erkennen.

Mein Zauberkostüm und das Zauberzubehör

3. Jetzt brauchst du ein bisschen Platz. Auch ein Helfer wäre gut, der die Seilenden für dich hält. Gib ihm den Anfang und das Ende deines langen Wollfadens in die Hand. Du ziehst das Seil zwischen den Enden stramm und halbierst es dadurch.

4. Gib deinem Helfer zusätzlich zu den beiden Enden nun auch die Mitte des Seils in die Hand. Ziehe den Rest wieder straff.

5. Dreht nun das Seil jeweils in die entgegengesetzte Richtung, einer nach rechts, der andere nach links. Dabei muss das Seil immer gut gespannt bleiben.

6. Habt ihr lange genug gedreht, will sich das Seil von ganz allein eindrehen. Das ist der richtige Zeitpunkt, um dein Ende an deinen Helfer zu übergeben.

7. Das Seil wird sich dann sofort verdrehen. Damit es das ganz gleichmäßig macht, ziehst du die Mitte des Seils stramm und lässt es dann ganz kontrolliert einrollen. Die Schnüre verdrehen sich gegeneinander und bilden eine schöne feste Kordel.

8. Streiche das Seil zu den losen Enden hin aus. Verknote die offenen Enden miteinander und schneide die überstehenden Wollfäden knapp hinter dem Knoten ab. Dein Zauberseil ist nun einsatzbereit.

MEIN ZAUBERKOSTÜM UND DAS ZAUBERZUBEHÖR

Der Zaubertisch

Für viele Tricks brauchst du eine Fläche, auf der du zaubern kannst. Da du für einige Tricks diese Fläche vorher präparieren musst, ist es gut, wenn du einen extra Zaubertisch hast. Ein eigener Tisch hat auch den Vorteil, dass du dein Zauberzubehör darauf außerhalb der Reichweite der Zuschauer abstellen kannst. So ist die Gefahr geringer, dass ein ganz neugieriger Gast deine Sachen näher unter die Lupe nimmt.

Damit der Wagen ein wenig magischer aussieht, verkleidest du ihn auf der Vorderseite mit einem Stück Stoff. So sehen die Zuschauer auch nicht, welche Gegenstände du auf dem unteren Brett versteckst.

Zum Zaubern gut geeignet ist ein Teewagen. Das ist ein zusammenklappbarer Tisch auf Rollen mit einer zusätzlichen Ablage. Die Ablage unter der Tischplatte ist noch einmal so groß und wunderbar, um alle anderen für die Show benötigten Gegenstände darauf zu lagern.

Weil der Wagen beweglich ist, kannst du deinen Zaubertisch in einem Nebenraum vorbereiten und ihn erst zu Beginn der Vorstellung auf die Bühne rollen. Hast du keinen Teewagen, nimmst du einen kleinen Tisch zum Zaubern und eine extra Abstellmöglichkeit für deine Zauberausstattung, zum Beispiel einen Stuhl.

Meine Zaubershow

Die Show

Wenn du Spaß am Zaubern gefunden und schon ein paar Tricks gelernt hast, kommt wahrscheinlich irgendwann der Augenblick, wo du dein Können auch vor einem größeren Publikum zeigen willst. Wenn dein Auftritt ein Riesen-Erfolg werden soll, musst du eine Menge bedenken!

Zaubererregeln

In jedem Beruf gibt es Regeln, an die man sich halten sollte. Das ist bei Zauberern nicht anders. Schließlich sollen die Zuschauer zum Schluss applaudieren und kein Pfeifkonzert anstimmen. Mit der Einhaltung folgender Regeln sollte dein Wunsch in Erfüllung gehen.

1. Übung macht den Meister

Zauberkunststücke sind nur spannend, wenn sie gut vorgeführt werden. Dazu ist viel Übung notwendig. Nimm nur Tricks in dein Programm auf, die du hundertprozentig beherrschst.

2. Unterhalte dein Publikum

Deine Zuschauer wollen eine schöne Zeit verbringen und sich nicht langweilen. Deshalb sollte dein Programm möglichst abwechslungsreich sein. Außerdem besteht die Gefahr, dass deine Zuschauer bei zu vielen gleichen Tricks hintereinander doch noch herausbekommen, wie sie funktionieren.

Meine Zaubershow

✦3✦ Ruhig Blut
Gerade wenn du aufgeregt bist, wird es dir wahrscheinlich schwerfallen, langsam zu sprechen. Das ist aber wichtig, damit dich dein Publikum versteht und sich an den richtigen Stellen ablenken lässt. Auch deine Bewegungen sollten langsamer sein als gewohnt, sonst verpassen deine Gäste womöglich den entscheidenden Augenblick.

✦4✦ Hoppla!
Auch dem besten Zauberer geht mal etwas daneben. Mache dann am besten einen Witz, sprich den Zauberspruch noch einmal oder mach im Programm einfach weiter.

✦7✦ Das bleibt ein Geheimnis
Dies ist die wichtigste Zaubererregel überhaupt. Verrate einem Zuschauer niemals, wie der Trick funktioniert! Mit anderen Zauberern oder Assistenten kannst du dich natürlich über die Zauberkunst austauschen und auch über die Tricks sprechen.

✦5✦ Hände weg!
Dein Zauberzubehör gehört nur dir. Kein Zuschauer sollte es anfassen, es sei denn, du hast es ihm ausdrücklich erlaubt.

✦6✦ Platz da!
Sorge dafür, dass du genügend Platz für dich und deinen Zaubertisch hast. Du musst dich frei bewegen können, um die Tricks vorzuführen. Auch sollte kein Zuschauer hinter dir stehen oder vorbeilaufen können.

Meine Zaubershow

Zaubertricks üben und vorführen

Grundsätzlich gilt: Zeige nur Tricks, die du auch sicher kannst. Um ein guter Zauberer zu sein, musst du üben. Nicht nur ein- oder zweimal, sondern viele, viele Male. Erst dann stehen die Chancen gut, dass du mit deiner Vorführung die Zuschauer in Erstaunen versetzt. Übe in drei Schritten.

1. Schritt 1
Lies dir zuerst den Trick durch, damit du einen Überblick über die Reihenfolge bekommst. Besorge dir dann alles Zubehör, das du brauchst, und stelle es bereit. Nun folgst du den Anweisungen in der Anleitung Schritt für Schritt und übst fleißig.

2. Schritt 2
Nach einiger Zeit wirst du die Anleitung nicht mehr brauchen. Ab diesem Zeitpunkt kannst du dich darauf konzentrieren, den Trick möglichst flüssig und elegant vorzuführen. Deine Präsentation muss schnell genug sein, sodass deine Gäste nicht genau sehen, wie der Trick funktioniert, aber auch so langsam, dass sie der Vorführung folgen können.

Übe vor einem Spiegel, um deine Haltung zu kontrollieren. So kannst du auch überprüfen, was die Zuschauer sehen werden.

3. Schritt 3
Im dritten Schritt übst du vor allem die Präsentation. Was erzählst du, während du das Kunststück zeigst? Mit welchen Worten leitest du den Trick ein, welchen Zauberspruch wendest du an? An welcher Stelle machst du eine Pause und wie genau lenkst du die Zuschauer ab? Wo stellst du das Zauberzubehör ab, das du nicht mehr benötigst?

MEINE ZAUBERSHOW

Den Ablauf der Show planen

Ein Zauberprogramm ist mehr als eine Aneinanderreihung von Tricks. Um ein ganzes Programm auf die Beine zu stellen, ist ein wenig mehr Planung nötig.

Die Einladung

Es ist ein Unterschied, ob du für deine Familie und Freunde oder für die ganze Schule eine Vorstellung gibst. Papa, Mama und deinen Geschwistern kannst du einfach beim Essen Bescheid sagen, dass du in einer Stunde für sie zaubern möchtest. Für eine größere Vorstellung sind schriftliche Einladungen gut.

Du kannst zum Beispiel Handzettel schreiben, die du dann in ausreichender Anzahl kopierst und verteilst. Oder du malst ein großes buntes Plakat, das du dort aufhängst, wo es möglichst viele deiner zukünftigen Gäste sehen können. Wichtig ist bei beiden Einladungsarten, dass alle wesentlichen Informationen darauf zu finden sind. Wer macht was, wann und wo?

Ein Beispiel für einen Plakattext wäre:
**Der große Zauberer Magico lädt ein:
Dienstag um 15:00 Uhr
in der Aula der Grundschule.**
Oder:
Zauberlehrling Juliane gibt heute ihre erste große Vorstellung. 18:00 Uhr im Gemeinschaftsraum. Kommt alle!

MEINE ZAUBERSHOW

Kunststücke, die viel Platz brauchen, funktionieren nicht gut in einem winzigen Wohnzimmer. Umgekehrt sieht der Zuschauer Tricks mit so kleinen Gegenständen wie Streichholzschachteln schlecht, wenn er in einer großen Aula ganz hinten sitzt. Finde heraus, wie viel Platz du zur Verfügung hast, so weißt du auch, wie viele Stühle du aufstellen kannst.

Achte bei der Einladung darauf, dass du deinen Zuschauern nicht zu viel versprichst. Vom „großen Zauberer Magico" erwarten sie mit Sicherheit mehr als vom „Zauberlehrling Juliane". Passe deinen Text deshalb lieber deinem Können an, sonst sind deine Gäste hinterher enttäuscht.

2. Der Ort

Nicht alle Tricks sind gleich gut für jeden Ort geeignet. Deshalb ist es für dich wichtig, zu wissen, wo du zaubern wirst, denn dann kannst du dein Programm an den Ort anpassen. Grundsätzlich gilt: Drinnen ist immer besser als draußen. Denn dort kannst du mehr Einfluss auf das Licht nehmen und bist auch nicht wetterabhängig.

Jeder Zuschauer sollte einen Sitzplatz haben. Für ihn ist es bequemer und für dich ist es sicherer. So bestimmst du die Entfernung zum Zaubertisch selbst und deine Gäste sehen nur, was du sie sehen lassen willst.

152

Meine Zaubershow

Kennst du den Raum, überlegst du dir als Nächstes, wo du deine Zauberecke, deine Bühne, einrichten willst. Der beste Platz dafür ist vor einer (möglichst einfarbigen) Wand. Dann kann niemand hinter dir den Raum betreten, wie es vor einer Tür der Fall wäre. So kannst du sicher sein, dass Tricks nicht von hinten ausgespäht werden.

Je leerer die Wand hinter dir ist, desto besser. Die Zuschauer sind dann nicht so abgelenkt und können sich besser auf das konzentrieren, was du tust. Gibt es in dem Raum keine freie Wand, zauberst du dir eine. Das geht ganz schnell, wenn du ein Bettlaken nimmst und den Bereich hinter dir damit verhängst. Eine besonders magische Stimmung bekommst du, wenn du das Laken vorher zum Beispiel mit Sternen und Glitzer verschönerst.

Deine Zuschauer können dich dann von hinten sehen und damit auch, was du abgewandt von ihnen zu verbergen versuchst.

 Die Tricks

Bevor du auftrittst, ist es klug, die Reihenfolge deiner Kunststücke festzulegen. Das gibt dir die Möglichkeit, sie vorher in genau dieser Abfolge zu üben, sodass du weißt, wie lange du ungefähr für deine Show brauchst. Bist du nach fünf Minuten fertig, nimmst du noch ein paar zusätzliche Tricks mit auf. Zauberst du länger als 20 Minuten, kannst du überlegen, ob du ein wenig kürzt.

Fenster solltest du meiden. Scheint die Sonne herein, stehst du davor im Gegenlicht und dein Publikum kann nicht gut sehen, was du machst. Ist es dagegen draußen schon dunkel, funktioniert ein Fenster ohne Vorhang wie ein Spiegel.

153

Meine Zaubershow

Ein geplanter Ablauf ist auch wichtig, damit du das Zauberzubehör in der richtigen Reihenfolge zurechtlegen kannst. Wenn du zwischen den einzelnen Zaubereien immer lange suchen musst, bis du alles hast, was du brauchst, entstehen lange Pausen. Die Zuschauer langweilen sich und werden unruhig.

Beispiel mit einem Münztrick an, ist es schön, wenn du danach mit Karten oder Seilen arbeitest statt wieder mit Münzen. Auch die Art der Effekte sollte abwechseln. Das heißt, nach einem Verschwindezauber solltest du lieber ersteinmal Gedanken lesen oder etwas herbeizaubern, als noch einen Gegenstand wegzuzaubern.

Für die Planung ist wichtig, wo du zauberst und wie viele Gäste da sein werden. In einem großen Saal vor vielen Menschen sind Tricks gut, bei denen du größere Gegenstände verwendest oder wo du viele Freiwillige aus dem Publikum brauchst. Zauberst du dagegen vor einer Handvoll Leuten in einer kleinen Kammer, funktionieren Tricks mit kleinen Schachteln oder Würfeln besser.

4. Für Abwechslung sorgen

Eine Show ist immer besonders gut und spannend, wenn möglichst unterschiedliche Tricks aufeinanderfolgen. Fängst du zum

MEINE ZAUBERSHOW

✤ Dein Zauberzubehör

Sobald du weißt, in welcher Reihenfolge du deine Tricks zeigen willst, suchst du Zubehör dafür zusammen. Das Einfachste ist, du machst dir eine Liste, auf der alle Gegenstände aufgeführt sind. Schreibe sie in der Reihenfolge auf, in der du sie später auch benutzen wirst.

so an, dass das benötigte Zubehör für den ersten Trick vorn und das für den letzten Trick hinten steht. Benutzte Gegenstände sammelst du am besten in einer Kiste oder einem großen Korb.

★☆★☆★☆★☆★☆★☆★☆★☆★☆★☆★☆★☆★

✤ Was sonst noch wichtig ist

Für manche Tricks brauchst du Verbündete und Helfer. Besprich den Ablauf der Vorstellung mit ihnen, damit sie wissen, wann ihr Einsatz kommt. Weihe sie aber immer nur in den Trick ein, an dem sie auch beteiligt sind.

Solltest Du einen Gegenstand für mehrere Tricks benötigen, ist es immer besser, wenn du die gesamte benötigte Anzahl von zum Beispiel Kartenspielen oder Gläsern bereitstellst. Du wirst während der Vorstellung keine Zeit haben, das Kartenspiel für den neuen Trick vorzubereiten. Außerdem ist manches Zubehör präpariert und deshalb nur für diesen einen speziellen Trick zu verwenden.

Hast du alles beisammen, ordnest du es auf deinem Teewagen, Stuhl oder Beistelltisch

155

MEINE ZAUBERSHOW

7. Dekoration

Überlege dir, welche Möglichkeiten es gibt, den Raum, in dem du zauberst, schön zu dekorieren. Du kannst zum Beispiel im Zuschauerraum einen Vorhang vor die Bühne spannen. Dann sehen die Zuschauer nicht gleich, was du vorbereitet hast, und werden ganz neugierig.

Aus Bunt- und Glanzpapier sind im Handumdrehen Sterne ausgeschnitten, mit denen du die Wände oder Vorhänge schmücken kannst.

Steht dein Programm und sind die Einladungen verschickt, rückt der große Tag unaufhaltsam näher. Einen Tag vorher ist es Zeit für die Generalprobe. Spiele den gesamten Ablauf einmal durch. Bitte einen Freund dazu, der dir hinterher ehrlich sagt, was er gut fand und was ihm nicht so gefiel. Verbessere das eine oder andere noch und freue dich auf morgen. Toi, toi, toi!

MEINE ZAUBERSHOW

Das Showprogramm

Zaubern kannst du vor vielen oder nur ein paar Menschen, vor Kindern oder Erwachsenen. Wenn du die Tricks gut beherrschst, wird es dir ein Leichtes sein, dein Publikum zu verzaubern. Hier findest du für deinen ersten Auftritt ein paar Vorschläge für dein Zauberprogramm.

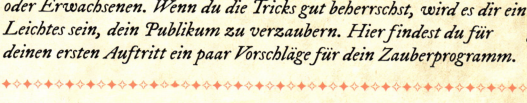

Zaubern für ein großes Publikum
1. Die denkende Karte
2. Die schwebende Flasche
3. Knoten zaubern
4. Warm oder kalt?
5. Der magische Wasserbecher
6. Nadel und Luftballon
7. Perlen sortieren
8. Der Fünfer-Trick
9. Alles Banane
10. Der Schrei

Zaubern ohne Helfer
1. Der Palast brennt
2. Der Zauberbecher
3. Bänder, wechselt euch
4. Der Münzendieb
5. Farbenzauber im Glas
6. Knoten-Kuddelmuddel
7. Magischer Würfelzauber
8. Die Münze im Glas
9. Die Verwandlung
10. Das tanzende Gespenst

Zaubern in kleiner Runde
1. Das verzauberte Gummiband
2. Das Riesengedächtnis
3. Der magische Knoten
4. Der Flaschengeist
5. Piano-Trick
6. Die verliebte Büroklammer
7. Summen erraten
8. Eiswürfel am Band
9. Die verschwundenen Zündhölzer
10. Sätze erraten

Zaubern mit Helfer
1. Gedankenübertragung
2. Warm oder kalt?
3. Die Befreiung
4. Verdeckte Würfelfläche
5. Die magische 9
6. Das verschwundene Geldstück
7. Geldscheintrick
8. Sätze erraten
9. Die Mutter am Band
10. Der Schrei

157

MEINE ZAUBERSHOW

Schwierige Situationen meistern

Ganz gleich, wie gut du planst: Es kann immer vorkommen, dass etwas Unvorhergesehenes geschieht. Das geht anderen Zauberern nicht anders und ist deshalb gar nicht so schlimm, wie du im ersten Augenblick denkst. Wichtig ist, dass du versuchst, Ruhe zu bewahren.

1. Wenn ein Zauber nicht klappt

Überlege dir vor der Vorstellung einen lustigen Spruch, den du sagen kannst, wenn der Zauber danebengeht. Dann probierst du den Trick noch einmal. Funktioniert es immer noch nicht, machst du mit dem nächsten Kunststück weiter.

2. Wenn eine Requisite fehlt

Vermisst du eine Requisite, bevor du mit dem Trick begonnen hast, ziehst du einfach einen anderen Zauber vor. Merkst du erst während der Vorführung, dass du nicht alle Gegenstände hast, gibt es mehrere Möglichkeiten:

1. Du kannst dein Publikum fragen, ob dir jemand einen Zettel oder Schnürsenkel (oder was dir sonst fehlt) borgen kann.
2. Du machst, ohne näher darauf einzugehen, mit einem anderen Trick weiter.
3. Du unterbrichst die Vorstellung für eine kleine Pause und besorgst in der Zwischenzeit, was dir fehlt.

3. Wenn jemand reinruft

„Den Trick kenn' ich!", ruft es manchmal aus dem Publikum. Du kannst die Bemerkung ignorieren oder mit einer witzigen Antwort kontern: „Sie haben Glück, ich nämlich auch." Behandle dein Publikum stets freundlich und mit Respekt.

MEINE ZAUBERSHOW

Zaubersprüche

Zu einem Zaubertrick gehört natürlich der richtige Spruch. Ohne ihn funktioniert der Zauber nicht. Deshalb ist es immer gut, neben den Sprüchen, die du in deiner Show verwendest, einige zusätzliche zu kennen. Natürlich kannst du dir selbst welche ausdenken. Falls es aber mal schnell gehen muss oder dein Kopf gerade furchtbar leer ist, kannst du diese hier nehmen. Sie sind von vielen Zauberern erprobt und wirken garantiert.

Abrakadabra, Simsalabim!

Hokuspokus Fidibus,
dreimal schwarzer Kater!

Zauberstab, Zylinderhut,
Zaubergeister, helft jetzt gut!

Zauberlist und Gaukelei, was
verschwunden, fliegt herbei!

Schlangenei und Krötendreck, was
hier grad war, das ist jetzt weg!

Eins, zwei, drei, alles Zauberei.
Vier, fünf, sechs und sieben, lasst
euch nicht von mir betrügen!
Acht, neun, zehn, jetzt ist
nichts mehr zu sehn!

Lirum larum Besenstiel,
Zaubern ist ein Kinderspiel!

Hokuspokus Haselnuss, Vogelbein
und Fliegenfuß, jetzt der Trick
gelingen muss!

Blitz und Donner, grelles Licht,
Luftballon zerplatze nicht!

Der Zauberer sich im Kreise dreht,
er allein weiß, wie es geht!

Lirum larum Löffelstiel,
Zaubersalz, nun hilf mir viel!

Aus eins mach zwei,
aus zwei mach eins,
so geht das Hexen-Einmaleins!

Hahnenkamm und Schreckensschrei, Zaubergeister, fliegt herbei!

Apfelkern und Suppenhuhn,
ich befehle, es zu tun!

Glossar

Glossar

★★★★★★★★★★★★★★★★★

Assistent:
Helfer, Hilfsperson; häufig eine Person, die in die Tricks eingeweiht ist.

Effekt:
Die Art und Weise, wie ein Zaubertrick auf die Zuschauer wirkt.

Falschmischen:
Das Mischen eines Kartenspiels, bei dem nicht alle Karten miteinander vertauscht werden. Einige Karten werden bewusst an ihrer ursprünglichen Position gelassen.

Hellsehen:
Die Fähigkeit, Dinge oder Handlungen zu sehen, die dir als Zauberer nicht bekannt sein können.

Illusion:
Sinnestäuschung; der Zauberer gaukelt den Zuschauern etwas vor, was es so gar nicht gibt.

Leitkarte:
Sie ist nur dem Zauberer bekannt. Oft ist es die unterste Karte in einem Kartenstapel. Der Zauberer benutzt sie als Markierung, um eine Zuschauerkarte herauszufinden.

Magie:
Zauberei; die Kunst, durch den Einsatz von geheimnisvollen Mitteln zu verzaubern.

Präparieren:
Einen Gegenstand zum Zaubern vorbereiten oder behandeln.

Präsentation:
Die Art und Weise, in der die Kunststücke und Tricks vorgeführt werden. Bei manchen Vorführungen dient sie als Ablenkungsmanöver für den eigentlichen Trick.

Requisiten:
Geräte, Hilfsmittel, die benötigt werden, um das Kunststück vorzuführen.

Telepathie:
Die Fähigkeit, Gedanken über eine größere Entfernung zu übertragen und zu empfangen.

Trance:
Schlafähnlicher Bewusstseinszustand.

Utensilien:
Geräte, Gegenstände und Hilfsmittel, die du zum Zaubern brauchst.

160